教育日记辑录

钾建春　著

南京师范大学出版社
NANJING NORMAL UNIVERSITY PRESS

图书在版编目(CIP)数据

教育日记辑录 / 钟建春著. -- 南京 : 南京师范大学出版社, 2017.7

ISBN 978-7-5651-3399-2

Ⅰ. ①教… Ⅱ. ①钟… Ⅲ. ①教育工作—文集 Ⅳ. ①G4-53

中国版本图书馆 CIP 数据核字(2017)第 135264 号

书　　名	教育日记辑录
著　　者	钟建春
责任编辑	王　艳
出版发行	南京师范大学出版社
地　　址	江苏省南京市宁海路 122 号(邮编:210097)
电　　话	(025)83598919(总编办)　83598412(营销部)　83598297(邮购部)
网　　址	http://www.njnup.com
电子信箱	nspzbb@163.com
照　　排	南京理工大学资产经营有限公司
印　　刷	江阴金马印刷有限公司
开　　本	787 毫米×960 毫米　1/16
印　　张	13.25
字　　数	190 千
版　　次	2017 年 7 月第 1 版　2017 年 7 月第 1 次印刷
书　　号	ISBN 978-7-5651-3399-2
定　　价	34.00 元

出 版 人　彭志斌

自 序

父亲是小学教师，我小学一至五年级和初中一至二年级就是在父亲任教的学校上的（当时还没有小学六年级和初中三年级）。每天清晨，随父亲走进学校的大门，一声声“钟老师好”扑面而来。每逢元旦、春节，总有毕业多年的学生来访，父亲和他们的融融交谈给家里增添了许多温馨。那时我就觉得当教师真好，长大了，我也要当教师。

高中还没毕业，我就继承父亲的事业当上了小学教师。但最初的实践却给了我“重创”：常常因为管不好课堂纪律而哭鼻子。在现实面前，我有了一种深深的无力感，学习成绩再好，在实践中也没什么用，如果不“凶巴巴”的，学生就不守纪律。理想与现实的差距，让我有过时运不济的悲伤。但现在回头看来才体会到它教给了我很多：我懂得了小学教师的辛苦，自此以后，因亲历而对小学教师这一职业又多了一份理解、亲近与尊重；我懂得了即使读书时学到许多高深理论、考试得到好成绩，也并不能保证实践中就能当好教师，当好教师需要的不只是从书本上讨到的学问，还需要另一种智慧与能力。这段人生经历促进了我的教育能力的提升：我拥有了一份真切的当小学教师的生命体验，产生了教育理论与实践关系复杂性的认识。值得庆幸的是，这次“重创”并没有打消我对教育理论探究的兴趣和对教育理论力量的信念，反而让我养成了写教育日记的习惯，无论是教小学还是教初中，无论是当教师还是当校长，这是这段经历留给我的最宝贵的财富。

只要心存美好，人生处处有风景，时时有诗意。随后的日子里，我天天

写日记。我倾情于校园，在三尺讲台前，挥洒热情与汗水，带着学生遨游于知识的海洋，带领教职工努力创办一所素质教育为先的学校。我执教的学科和班级，连续多年在全县名列前茅，我管理的学校多次受到国家、省、市、县表彰，我撰写的多篇教育教学论文在国家和省、市级报刊发表或在各类评比中获奖。如果说荣誉和奖励是一种肯定，那么这些绝不属于我个人，而是在思与行、教与学、付出与鼓励中教师和学生的双赢。

钟建春
2016 年 11 月 7 日

目　录

辑录二：学校管理的思索与实践

辑录三：生活感悟

教育教学的探索与反思

辑录一

1

应该让学生尽情地玩

2010 年 12 月 30 日　星期四　晴

下午四点二十五分，放学时间到了。按照惯例，学生以班级为单位拿着班牌有序地往校门外走。我目送着这些活泼可爱的学生，心里特别高兴。

大约十分钟后，大部分班级的学生走出了校门，我开始巡视校园，顺便到四年级教师办公室看看。几位同事正在饶有兴致地摆弄着几个陀螺。我说："这都是没收学生的吗？"一位同事边说边拉开抽屉让我看："这里还有很多，我们班学生都玩疯了！"

不同于我们小时候玩的用鞭子抽打的木制陀螺，这些小陀螺都是塑料制品，下部是尖尖的，上部是一个齿轮状的助力设施，外加一条带锯齿的塑料条。玩的时候用塑料条拉动齿轮，让齿轮带动陀螺旋转，然后分离，陀螺就会依靠惯性继续旋转。学生的玩法是比赛，看谁的陀螺转的时间长。买一个这样的陀螺，只需要花费一元钱。

小玩具设计得非常精巧，充分运用了物理学原理，这本来是对学生进行自然科学教育的不错载体，但由于"可能会影响学习"，便被教师无情地没收了。

看着这些小陀螺，听着同事们的议论，我陷入了沉思。

为了消除校园安全隐患，大量的体育设施被拆除。为了避免校园伤害

事故的发生，体育课被边缘化，且时常被文化课取代或者改上室内课。有一段时间，学生喜欢折叠纸飞机，“飞机”在校园里满天飞，学校便以“破坏环境卫生”为由“紧急叫停”。后来，学生玩起了弹玻璃珠，由于学生经常在校园里挖出拇指大小的坑，“影响校容校貌”，又被强制没收。上学期，有些学生不知从哪儿带来小蜜蜂，教师害怕小蜜蜂蜇人，便严令禁止……

玩是学生的天性，是学生健康成长的必要前提和重要方式。通过玩，学生对世界产生好奇，开始探索大自然的奥秘；通过玩，学生感受到生活的乐趣，领悟到成功的意义，变得阳光自信；通过玩，学生的竞争意识和合作意识增强了；通过玩，学生学会了发现问题、解决问题，还培养了动手能力；通过玩，学生练就了灵巧的双手和细腻的心灵，洞察力和思维品质也都有所提高。

有些教师这也不许，那也不许，似乎只有读书做题才是正事。如果我们把学生的每一天都用书本和习题塞得满满当当，以“爱”的名义剥夺学生玩的权利，把学生驯化成乖顺听话的“小绵羊”，这恐怕不仅仅是学生的悲剧。

这也危险，那也危险，但更大的危险人们却看不见——那就是学生的好奇心被扼杀了，他们丧失了创造力，失去了快乐的童年，同时失去的可能还有健康的身体和顽强的意志。

如果没有那些丑陋的小板凳，就没有相对论的产生；如果害怕玻璃割破手，就不会有放大镜和显微镜的发明；如果没有幼儿时期的摸爬滚打，也不会有赛场上的奥运冠军……

不能剥夺学生玩的权利，应该让学生尽情地玩，玩出新意。我们可以在学生玩的过程中对他们加以引导，在他们幼小的心田里播撒科学的种子。对于玩陀螺的学生，可以让他们观察陀螺的旋转过程，分析其原理。对于玩纸飞机的学生，可以让他们探究飞行的原理……这才是教育的应有之义。

2

听话的学生

2011年1月14日　星期五　多云

中午，收到一位女学生的留言条："尊敬的老师，我按照您的要求努力学习，但总是达不到期望的目标，现在我已经没有了刚上六年级时的雄心壮志，尤其是数学这门学科，觉得很难学好，自己没办法掌握，而且又不能放弃，太痛苦了，希望老师能帮帮我。"

我赶紧找这位同学了解情况。

"现在上课感觉怎么样？"

"我很认真地听，可是听不懂，有时会走神，但是您说要做的笔记，我都会做的。"翻开一看，书上果然是整整齐齐的笔记。

"预习了吗？"

"预习了呀，您看《百分数的意义》这一章，我都预习完了，可就是不懂怎么做题，有时一节课一道题也做不出来。老师，我该怎么办呀？"

开学初，我就特别关心她。随时给她讲解她不懂的题目，包括上课已经讲过的题目，花费了很多精力和时间来帮她学数学，也试过很多教学方法，每次她都很听话地照做，做错的题目也会反复去做，但是经过仔细观察，我发现她再次遇到同一类型的题目时还是束手无策，虽有进步，但总体来看成绩起色不大。现在临近期末，新内容还没上完，复习任务又比较重，我能够

明显感觉到她的焦虑。

我发现自己带过的班级几乎都会有这样的学生存在——非常听老师的话，特别乖，也很努力，可成绩就是上不去。他们在努力后却没有达到预想目标时那种无比难过的神情，让我久久无法释怀。背后到底是什么原因呢？难道他们真的不是学习数学的料？没有人可以如此肯定地说！

和这些听话的学生聊天时，我发现，他们学习的动因往往是教师或父母的要求，却忽视了自己内心的想法。因此，虽然他们有板有眼地按照要求去做，却难以真正领悟，也很少去思考如何提高学习能力，难以体会学习的乐趣和知识的魅力。小学时，这样的学生还有可能取得让老师和家长满意的成绩，但随着年龄的增长，知识难度的加大，对逻辑思维能力的要求也高了起来，那时他们就会感到力不从心，遇挫之后更会觉得自己无法面对父母和老师，就会逃避、放弃，对学习也丧失了信心。取得的些许进步，相对于他们投入的大量时间和精力，显然是“亏本的买卖”。除此之外，听话的他们往往还有个特点就是阅读量不大，除了“死啃”课本，几乎很少看“闲书”。

“缺了理解力，知识有何用？”(斯多巴乌斯语)听话的学生表面上学到了知识，但他们其实只是让记忆装满，仅此而已。正像那个到邻居家去借火的人，看到炉子里的火烧得正旺，就留在那里烤火，却忘了取火回家这件事。肚子里塞满了食物而不消化，不把食物转化为自身的养料，不健壮体格，又有什么用呢？学习，必须把书本上的学问内化为自己的理解与意识，不能让理解与意识空白。

3

难忘的晨会课

2011年2月18日　星期五　阴

七点半的铃声早已响过，晨会课已经开始，班上的张小清还没到。我放心不下，于是安排学生自习，然后去办公室打电话询问。张小清爸爸告诉我，张小清今天早晨有点发烧起晚了，不过已吃过药在去学校的路上了，大概再过几分钟就能到。

过了一会儿，张小清来了，怯怯地站在教室门口。我正要让他进来，他先开了口："钟老师，我……我路上自行车的轮胎没气了，我推着走了很长时间才到校，所以迟到了。"怕我不相信，张小清说完还摸摸自己冒汗的小脑袋。

我一下愣住了。我想不通张小清为什么要说谎。我挥手让他回座位。看着他如获特赦般飞跑到座位，我突然觉得很心痛——学生如此惧怕我，见我就像老鼠见了猫，连句真话都不肯跟我说了，为什么呢？这一刻，我对自己说：一定要改变现状！

接下来的晨会课上，我把张小清叫到面前。看着同学们或同情或幸灾乐祸的目光，我知道他们以为我又要惩罚张小清了。我摸了摸张小清的头，平和地对着全班同学说："同学们，他今天迟到了，可是我一点都不怪他。我知道他迟到是因为发烧，身体不舒服，他能坚持来上课是应该得到表扬的。"同学们的眼中流露出惊讶的神色，张小清的头垂得更低了。我接着讲，连我自己都听出了语调里的伤感："可是，我感到很失望，不是因为他说谎，而是对我自己。我很爱你们，希望你们中的每一个人都能很优秀。可结果呢，我和同学们的距离越来越远。站在这儿，我觉得自己根本就是个失败者，因为我连自己辛苦教育的学生的一句真话都得不到啊！"教室里完全安静了下来，只有张小清低声啜泣，同学们看着我，脸上的表情是那样的复杂。

晨会课后，班上几乎所有的同学都通过口头或便条向我表示以后不会再对我说假话，我不断被感动着，并且告诉自己：一定要做好工作，为了这些可爱的学生。

午饭后，我一个人坐在办公室闭目回忆自己的从教之路。所有的欢笑和泪水、快乐和忧伤涌上心头，学生们一张张天真可爱、单纯活泼的面孔从眼前掠过，点点滴滴逐渐汇成一条小河在思绪里流淌，我的心终于澄明直至豁然开朗。我睁开双眼，办公室的窗后和门前满是我熟悉的小脸，那么多双眼睛看着我，有关心，有不忍，有哀求，有透过泪花的尊敬，无一不让我感受到真诚。我幸福地起身，和同学们一起回教室，像知心朋友一样说心里话，气氛是那样温馨和融洽。

教师长年累月地从事教育工作，环境单调，负担较重，工作对象复杂，难度比较大，要保持耐心确实不容易。教师有时发点脾气，说几句过火的话，好像也情有可原。然而教师职业特殊，又不容许我们有"情有可原"的做法。这就需要我们教师具备基本的素质和修养。

教师的师德修养不是开几次会、参加一两次师德知识考试就可以提高的，而是要在教育实践当中，认真学习，仔细思考，谨慎从教，一言一行合乎教育规范，坚持以关注学生的终身发展为先，用心爱护学生，真正把工作当成一份事业。这是一辈子的事情。

4

学生脚下还是不要画桩点

2011年4月15日　星期五　多云

学校将于近期举办广播体操比赛，两周前已经公布了活动方案，各班正在抓紧训练，从目前看，情况良好。

为了更好地推进这项活动，达到预期效果，上午学校又专门召开活动筹备小组会议。会上有人提出，为了整齐好看，在操场上每名学生脚下画一个桩点，这样，比赛时，远远看去，做操学生的队伍横成排，竖成行，斜看也成线。也就是说，根本不需要列队的学生左顾右盼、瞻前顾后，只要站在属于自己的桩点上，就可以有整齐的队伍了。这样按点站队的做法，在其他中小学非常普遍。

也有人提出，不同意在学生脚下画桩点。理由是，列队做操的主要目的有两个，一是舒展身体，调节学生做操时的动静搭配，对学生的身体健康有益。二是培养团队意识，让学生知道，只有每一个成员按照统一的要求，在做操的过程中不断自我调整、相互协作，才可能形成一个整齐划一的队伍。

在学生脚下画桩点，简化了列队过程，可这样整齐队形的背后却是学生的各自为“阵”，以自己脚下的桩点为中心。不在学生脚下画桩点，列队过程变得复杂了许多，有可能排出的队形不如脚下有桩点时整齐，但这一过程培养的是学生的自我修正能力、合作意识和团队精神。列队是广播体操比赛

的内容之一，如果我们选用按桩点列队这一形式，就很难实现广播体操比赛这一活动对学生团队协作能力的考查，甚至会产生负面效应。经过讨论，学校决定学生脚下还是不画桩点。

广播体操比赛是一把双刃剑，和其他任何一种教育活动一样，当我们对形式和结果过于注重时，它就失去了魅力和效力，成了僵化的、腐朽的教条，成了充满生命活力的教育活动的羁绊和阻碍。过于注重形式和结果，只能造就良好的自我感觉，其实质是对教育智慧的放弃，甚至是对教育工作的不负责任。教育的魅力何在？在于不确定性，在于教师需要时时用心把握。过程的教育性、渐进性、复杂性、艰巨性和社会对教育评价的简单化、形式化、功利化使得广播体操比赛中在学生脚下画桩点这一简单、“实用”甚至是“反教育”的情况的出现。

任何教育活动都是为了能让我们共同获得发展和成功。这里的“我们”，并非单指学生，而是包括学校的每一个人，所有人都能在教育活动的过程中得到发展，进而在不同层面、不同层次上获得成功。发展和成功是不分对象和时空的，只要你能在原本所处的位置上，原先所在的层次上向前迈出一步，哪怕只是一小步，就是发展，就是成功。“我们”也不单指人，还包括学校本身。学校的形象，学校的品牌，是靠学校所有人的共同努力树立和打造起来的。学校的发展，学校的成功，是在学校的教育教学实践中实现的。“共同”体现的是双赢、共享和合作，即每一位在学校学习、在学校工作的人都同学校一起成长，共同获得发展和成功。

5

感悟感恩教育课

2011年4月28日　星期四　多云

今天下午，学校邀请外地教师来给部分学生及家长上感恩教育课。课堂上，教师、学生、家长互动，场面感人，有人说，这节课效果很好。但我却感觉不到感恩之心，也感受不到感恩之情。两天前学校的调查统计也许会让为父为母者伤心：对学校948名学生家庭教育现状调查显示，有55.4%的学生表示在他们最不喜欢的人中，父母排第一。可以这样说，不少学生是缺乏感恩之心的。

学生感恩之心缺失主要源于家长教育失当。主要表现在三个方面。一是家长自身缺乏感恩意识。有些家长对孩子要求很多，而自己对长辈做得很少，没有以身作则。有些家长对别人要求很多，而回馈很少。“宁可我负天下人，决不让天下人负我”成了他们的信条。孔子曰：“其身正，不令而行；其身不正，虽令不从。”父母如果殊少感谢别人，怎能教孩子学会感恩？在大多数中国家庭里，父母为孩子做事从不要求孩子言谢，谓之虚礼。由此，孩子往往误解为这些是父母应该做的，“谁叫你们是我父母呢”。其实不然，父母于孩子有大恩，孩子都不言谢，怎会感谢他人？二是家长对孩子的溺爱。“种瓜得瓜，种豆得豆。”当受溺爱的孩子欲望得不到满足时，他们会立即翻脸，更谈不上感恩。父母的溺爱收获的必然是孩子的感恩缺失。如果说，在

孩子成长的道路上存在“温柔陷阱”的话，那就是对孩子过分溺爱的父母亲手造成的。掉进“陷阱”里的孩子，被剥夺了犯错误和改正错误的权利，同时也失去了向父母感恩的机会。三是家长对孩子过于严苛。有些父母管教过于严厉，孩子表现稍不遂意，便对其非打即骂，致使孩子感受不到生活的乐趣。这些均不利于引导孩子对父母抱以感恩之心。

除家庭教育失当外，学校德育的不足也是学生感恩之心缺失的重要原因。不少教师忽视传统道德教育，只注重政治理论和文化知识的灌输，将学生引导成了“唯分数论”的忠实践行者，同时亦成为感恩低能者。

怎样给学生上好感恩教育课？首先，家长要做出表率。其次，学校要对学生加强感恩教育。感恩教育就是要教会学生做一个“真、善、美”的人，这应贯穿在所有教育环节。恰当的教育方法也很重要。比如，给学生上一堂“算账课”：让他们算一算每天的花费，了解一下父母养育他们的艰辛。这样，学生在心灵受到震撼的同时，对父母的感恩之心必会油然而生。

感恩具有重要的心理学意义。感恩是对对方行为的一种积极肯定，它会强化对方的行善动机。同时，感恩还对感恩者的生活质量有积极影响。心存感激之人更容易感到温暖、被爱和快乐。身残志坚的英国物理学家霍金说：“我的手指还能活动，我的大脑还能思维；我有终生追求的理想，有我爱和爱我的亲人和朋友；对了，我还有一颗感恩的心……”霍金创造了生命的奇迹，正源于他时刻怀揣着的感恩之心。

6

人文是要基础的

2011年6月8日　星期三　晴

听了两节语文课，两位任课教师在课堂上用尽华丽煽情的语言，这一点我不赞同。一堂课下来，学生除了生硬牵强地造句和华而不实地作文之外，什么也没有学到，连基本的字词都没有掌握。

课后教研组长组织评课，教师们几乎到了言必称“人文”的地步，在教师们大谈“爱”的语言中，这次活动达到了“高潮”。似乎不需要借助脚下沉重的大地，语文就可以一跃而直上九霄，遨游于自己理想的天国。我个人认为，语文教育越是喋喋不休地谈论人文，就越是表明其人文精神的缺乏。因此，这样的评课意见，我也不赞同。

大家发言后，教研组长点名让我说说。

我首先声明：请大家理解，我不是扫兴，我发言的题目是“人文是要基础的”。

语文的人文不是空谈人文，而是要从实际的字、词、语句和篇章结构上体现出来，要从司空见惯却被很多教师忽视的地方发掘出丰富的人文性，不仅要让学生对语文学习产生浓厚的兴趣，而且要让学生在理解和掌握语文知识的过程中自然而然、潜移默化地受到真正的人文教育。搞好语文教育的关键是抓住语文的规律。作为一门语言学科，语文有其自身的规律，要教

好语文，就必须理解和掌握语文的内在规律。然而，当前的语文教育似乎并没有重视这一点。一些教师以为语文就是人文，没有工具性和规律性，甚至不需要学习和训练。“语言是存在之家”，很多人在援引海德格尔这句名言为语文的人文性辩护时，却并没有真正理解这句话的含义。其实，海德格尔是从人的存在角度，揭示了语言首先是人与世界的一种操作关系，语言的人文性恰恰蕴含在这种工具性中。语文是一门人文学科，但这并不能否定其工具性。从根本上来说，任何一种人文学科，首先必然是工具性的，没有工具性，人文性就失去了赖以附着的根基。没有对语言的深入学习和恰当运用，就谈不上具有人文性的美的文学。语文，首先是“语”，然后才是“文”。只空谈人文却忽略根基的语文教育是苍白的。

7

这个名次不重要

2011年9月2日 星期五 多云

学校推荐学生暑假阅读一些书籍，为了检查阅读情况，下午在会议室举办了学生阅读比赛。比赛准备比较充分，进展比较顺利。有一位评委自豪地说："现在的学生，一有机会，就树立起了一个目标，参加比赛，还要拿名次!"

我全程参与了这次比赛。说实在的，这位评委的话为我敲响了警钟。连我们的评委都把每学期开学初照例举办的阅读比赛的名次看得如此重要，更何况我们的学生呢？依我看，这个名次不重要。

为什么想拿名次？因为当今的教育体制中有一种"龙门效应"，比赛就是一座人造"龙门"，学生在比赛中夺得了名次，就像是鲤鱼跳过了龙门而成了蛟龙。正因为人们对教育的功利心太重，相关具体的主题活动也就往往流于形式、变得僵化。

名次，使学生成了比赛的信徒。如果以阅读比赛为例，那就是"一篇文章主义"，甚至是"一嗓子主义"。比赛中，选手不可能任意选择推荐书目以外的文章来展示自己的阅读成果，要在比赛规定的时间内在推荐的书目上选取自己感兴趣的一篇文章来参加比赛。也就是说，参赛选手，是用"这一个"来参加比赛夺取名次的。既然是用"这一个"而不是用"每一个"来参加

比赛夺取名次，那么，选手班级、选手教师、选手亲人、选手本人……就自然和必然要在“这一个”上倾注力气，而不会再在“每一个”上花费时间。

可以看出，比赛的矛盾既在比赛之外，又在比赛本身。例如，比赛方法中设计的在比赛规定的时间内在推荐的书目上选取自己感兴趣的一篇文章来参加比赛，虽然是给予学生自主选择的权利，但不利于培养擅长阅读、思考与表达的读书人。这样的比赛是有限的行为、短期的行为，必然导致基础打不牢，忽视系统教育，最终影响全面发展。而忽视基础，是培养不出真正的人才的。

这样的比赛使教育沦为一种功利化的手段，与素质教育、终身教育的追求实际上是背道而驰的。

8

“数学广角”该怎么教

2011年9月13日　星期二　阴转多云

教育局组织的教学视导组一行八人到学校进行为期一天的教学视导，我随视导组人员听了两节课，其中一节是五(2)班数学课，课题是“数学广角”。

这节课安排的教学内容是“邮政编码”。教师首先出示小朋友把信投入邮筒和邮局机器对信件分拣的画面，接着出示邮递员送信的画面和小精灵的话：“你写过信吗？知道本地的邮政编码吗？你想知道这些数字是怎样编排的吗?”教师以“江苏省泗洪县峰山乡”为例，介绍邮政编码由六位数字组成：前两位数字表示省(直辖市、自治区)，前三位数字表示邮区，前四位数字表示县(市)，最后两位数字表示投递局(所)。按照这里的邮编223912具体地对了一下号，教师就这么粗略地介绍，结果学生提出了质疑。有的学生拿出记事本，记事本上有各省(直辖市、自治区)的邮政编码，通过查对，学生们发现表示一个省份的前两位代码有1至4个，小省是1个，大省4个，地区级邮局代码也不是1个……对于学生的质疑，教师并没有过多的解释。

这节“数学广角”就这样糊里糊涂地上完了。课后，我与这位教师进行了深刻的交流，给他提出了一些建议。一是备课要充分，涉及课外知识的资料要梳理清楚，保证准确性。二是现在的课堂教学对教师提出了更高的要

求，面对学生的问题要注意引导，注意发散，灵活调整教学进度，拓展知识面。三是“数学广角”知识专业性比较强，教学目标要适度，要注意学生的年龄特点，要注意激发学生知难而进的学习斗志，不要挫伤学生的锐气，以鼓励教育为主。

没研究的教学，充其量只是一种机械的劳动，时间久了，教学双方都难免感到乏味。有研究的教学，才能称得上是一门艺术，而且是一门妙趣无穷、历久弥新的艺术。无心研究的教师，眼睛只盯在职业的适应，有心研究的教师，眼光瞄准职业的超越。研究是利人的，也是利己的；研究是孤独的，也是充实的；研究是苦涩的，也是甜美的。为适应而教学，教师工作成了迫不得已的被动消耗；在适应中超越，教师工作才是情不自禁地主动投入。

9

教育不是万能的

2011年11月9日　星期三　多云

在外校参加教学研讨会，有不少收获，但也有些观点我不敢苟同。听一位教师谈工作经验时，夸夸其谈，举出自己所教班级某某某怎么怎么不好，在他的几句话感召下，立马就变得怎么怎么好了。就好比神医下凡，哪怕病入膏肓，都能药到病除，起死回生。

不止一次听到这样的经验介绍，但每次听到都产生怀疑。有些人，不知出于何种目的，陶醉在“教育万能”的虚荣之中，到处推行什么“特效”理论，宣扬什么“精辟”论述，似乎在他的教育生涯中从来就遇不到什么困惑和无奈，其中流行甚广的一句是：“没有教不好的学生，只有不会教的老师。”很多教师对这句话的理解有偏差，在这句话的威逼下，从不敢言教育失败，因为都怕被说成是“不会教的老师”。

作为一名教师，对自己的工作能力产生怀疑，无疑是一件痛苦的事，但可以肯定地说，违背客观规律，无限夸大教育的作用，更是一件痛苦的事，这无异于自欺欺人。

略有点教育常识的人都知道，教育不可能是“万能”的，知识归根结底是学生自己学会的，不是教师教会的，任何教育，如果没有被教育者的自我教育都是不能实现的。按照唯物辩证法的观点，教育者与被教育者是事物发

展的一对矛盾，教育者是事物发展的外部矛盾，可称为事物发展的外因，被教育者是事物发展的内部矛盾，可称为事物发展的内因。内因和外因的辩证关系是：内因是事物发展的依据，外因是事物发展的条件，外因通过内因而起作用。所以，强调教育是万能的，即过分强调外因作用，显然是犯了形而上学的错误。

话又说回来，主张教育不是万能的，不是一种消极退避主义，更不是一种“教育无用论”的哀怨，而是一种真实的教育态度。教师要学会选择和决策，要有所为有所不为。在口号泛滥、空谈盛行的时候，如果方向不明，盲目跟从，不及时刹车，就可能进入误区，走上迷途。即使方向明确，机遇来临时，如果不勇于挺进，不敢加速，也可能失去大好机遇，落后于时代。因此，教师应该深刻理解教育的含义，认真研究和探索教育的规律，正确引导学生进行自我教育。

10

教育需要等待

2011 年 12 月 22 日　星期四　晴

参加学校组织的听课活动，看到这样一个教学镜头：(多媒体出示，图中红花 10 朵)红花和黄花一共 17 朵，黄花多少朵？一名学生回答：10＋7……教师忙问：7 是从哪里来的？然后示意他坐下，让另一名学生发言。生答：17－10＝7。教师很满意，显然这名学生的回答更符合教师的要求。

难道第一个学生的回答就没有可取之处吗？其实，学生已经知道正确答案是 7 了。学生的脑海里经历了这样一个思考过程：黄花的朵数和红花的朵数合起来就是总数 17 朵，因为 10＋7＝17，红花 10 朵，黄花肯定是 7 朵。低年级学生的思维具有单向性的特点，从左往右他知道 3＋2＝5，但从右往左他就不一定知道 5－3＝2 了。

用加法计算这种想法并不是全无道理的，结果却被教师断然否定，会让学生觉得委屈，挫伤他的积极性。其实，教师可以对喜欢用加法计算的学生说："在列式计算时，一般习惯地认为等号后面的数才是答案，在 10＋7＝17 这道算式中，17 不是答案。你的想法是对的，但你怎样才能让老师和同学都明白你的想法呢？"如果学生一时还想不出什么好办法，教师可以提议，在算式的下面写上一句话：答案是 7，或是在 7 的下方做上标记，如 $10+\underline{7}=17$，表示 7 才是黄花的朵数。学生会从教师的讲解中受到点拨，对教师的建

议欣然接受。随着学习的深入，学生的思维也会逐步得到发展，由单向思维逐渐过渡到双向思维，最终会改用减法计算，因为他渐渐明白从总数里去掉红花朵数就是黄花朵数，用减法计算也可以，而且还不用做标记，多方便啊。

等待是理解的前奏，理解是发展的前提。教育需要等待，学生在等待中学会思考、学会取舍，在等待中经历心智的开启与生长。一个具有等待习惯的教师，课堂上会给学生留下足够的时间去表达自己的见解，会带着朋友般的热情和期待去等待学生的倾诉；一个具有等待意识的教师，会触摸到学生的情绪变化，能够感觉到学生思想抽穗、情感裂变、思维拔节的声音。从这个意义上来说，等待也是一种教育艺术。

真正的等待是平等、尊重，真正的等待拒绝居高临下的灌输、训导；真正的等待是心与心的默默走近、情与情的悄悄交流；真正的等待是对成功的期待，对新知的呼唤。一个教师如果只靠一张嘴不停地灌输，缺少等待的艺术，那么他所进行的教育一定是不完整的教育，也是低效的教育。因为，没有等待，就谈不上落实学生的主体地位；没有等待，就难以尊重学生的情感、态度和价值观；没有等待，就无法引领学生走进探究的王国。

11

教师请慎言

2012年1月4日　星期三　晴

听完五(1)班数学课,课间与上课教师在五年级教师办公室交流,其中对教师在课堂上的几句话提出讨论。

基础训练时,这位教师对一名学生说:"不会?没注意听吧!"这种责备的语气让学生"望师生畏"。在教师的责备声中,学生一次又一次地丧失信心,紧张的心情也一刻没法消失,甚至产生厌学情绪,心情一落千丈。如果用鼓励的语气这样说:"再想想,老师相信你!"能给予学生信心,学生感受到的是师爱,紧张的情绪会得以缓解,害怕的心理也会消除,从而更好地投入到问题的思考中,在教师爱的浇灌下成长。

出示例题后,教师问学生"这道应用题条件是什么",学生不用动脑,完全照题宣读,可是题目的意思并没有理解。如果换一种问法:"从题中你知道了什么?"就是要学生理解题意,让学生把题中的条件变成自己的语言,在真正意义上理解题目,从而解题。

巩固练习时,教师对一名学生说:"和书上不一样,再想想。"教师不经意的一句话,忽略了学生回答中的思维亮点和可取部分,错失了及时对学生进行客观评价和正确鼓励的良好时机,可能浇灭了学生刚刚燃起的创新火花。教师如果说:"你真棒,与众不同的方法!"就会给学生不同的感受,教师应最

大程度地开拓学生的创新思维，激发学生的创新灵感，给予学生创新的勇气。

无独有偶，在跟这位教师交流结束时，听到另一位教师在和学生谈话："你不是笨，是不认真。你看某某某同学比你笨多了，他却做对了，你连他都不如，以后要认真学习。"其实，教师并没有把这位学生作业失常的根本原因分析出来。教师的话给学生三个信息：第一，要认真；第二，"我"很聪明；第三，某某某比"我"差多了。

下午课间偶然听到几名学生谈论发生在课堂上的好笑事。原来，在学习"按比例分配"应用题时，一名同学对教师的书写格式提出不同意见，认为有个"条件"在前面步骤里已经写过，所以后面就不用再写了，否则显得既重复又啰嗦。针对这名同学的意见，数学教师反问道："中饭吃过了，晚饭就不要吃了吗？"我听了一点也不觉得好笑，相反心情格外沉重。且不说这位数学教师非但没有对学生敢于质疑的良好品质和勇于批判的可贵精神进行鼓励和呵护，单说其毫无逻辑的语言，已足以打击学生的学习热情。

古人说过："一言兴邦。"作为教师，我们的话当然难以达到"兴邦"的高度，但对学生来说，往往会产生"一言益人""一言误人"的效果。学生非常敏感，他们往往不仅听教师的"言"，还会观教师的"行"。在听"言"时，学生不只是听我们言中显性的一面，也会听出我们言中隐性的一面。所以，教师在教育教学时，不论是表扬还是批评，都要认真斟酌，每一句话不仅要注意表面的导向，还要注意深层次或潜意识的导向，因为深层次和潜意识的导向往往对学生的影响更大。

12

跨过去与捡起来

2012 年 1 月 13 日　星期五　多云转阴

期末考试后，全体教师到学校，批阅试卷，统计分析成绩，写学生的操行评语等。批阅试卷前，教师照例做早操，一切按计划进行，一天工作比较顺利。

晚上，少先队辅导员到我办公室谈工作，给我讲了他今早无意间看到的一个场景：教师早操后，远处地面上有一张醒目的废纸，就在教师往回走的操场和主路交界的路口。前面走过几位教师，都若无其事地跨过去了，后面跟着的一位教师，弯腰捡了起来。

事情就这么“简单”，发生于瞬间，却颇值得思量。我无意谴责前面走过的那几位教师，其实他们可能恰恰代表了人群的“主流”。看似校园中的一件不起眼的小事，也可看出教师的素质。对教师素质的影响主要包括两个方面。一是心情。一个人以什么样的心情面对每一天很重要，直接决定着生活或工作的好坏。成功者会控制心情，失败者被心情控制。人们常说，别让人生输给了心情，心情虽不是生活和工作的全部，却能左右生活和工作的全部。如果你以微笑示人，可获得微笑，如果你以微笑面对生活和工作，收获的就是阳光。二是心态。如果说心情影响着生活或工作，那么心态就决定着事业或人生的成败。有人这样形容成功，即使只有百分之一的希望，也

要付出百分之百的努力，最后把百分之一的希望变成百分之百的结果。想要把百分之一的希望变成百分之百的结果，前提是必须有积极的心态，否则消极面对，看到的就是满眼失望。拿破仑曾说："人与人之间只有很小的差异，但是这种很小的差异却造成了巨大的差异！很小的差异就是所具备的心态是积极的还是消极的，巨大的差异就是成功和失败。"天活日月星，人活精气神。一个人有了好心情才能有好心态，有了好心态方可获得好状态。学习不在状态会学不好，工作不在状态会做不好，人生不在状态会一团糟。

本来，捡一张废纸，举手之劳，谁都不会认为累，谁都做得了。但为什么前面几位教师跨过去，就不肯弯腰捡起来呢？因此，为人师者，要想教育好学生，除了要有扎实的教育教学能力，还要有过硬的基本素质。

13

为理解而教

2012年4月11日　星期三，多云

今天，听四(2)班赵老师上“认识三角形的高”一课。

赵老师先出示一幅三角形“人字梁”的图，向学生介绍它的名称、作用。然后提问：你能量出图中“人字梁”的高度吗？学生在作业纸上测量，汇报测量结果。赵老师借助多媒体课件抽取出“人字梁”的形状，并在刚才测量高度的部位画上一条线段，向学生指出：这条线段是三角形的高。再组织学生讨论：怎样的一条线段叫作三角形的高？让学生用自己的话进行描述。揭示三角形高的定义，引出相对应的底。完成“试一试”：测量一些三角形底和高的长度。完成“想想做做”第一题：画出每个三角形指定底边上的高。

课后进行交流，我肯定了赵老师的教学过程按照教材的编写思路展开，能从数学的角度发现和提出问题，用数学的方法分析和解决问题。但是从课堂的实际情况看，教学效果却并不理想。主要问题是教师对教材的把握比较肤浅，仅仅停留在表面，缺少对教材编写意图的深层次思考和理解，导致教学活动流于形式，没有真正触及学生的思维。如果能够注重一些教学细节的设计和处理，例如，在导入新课时有意识地增加一个高度略矮一些的屋架，教师简要介绍名称后，让学生通过观察、比较两个屋架的高矮，引出测量三角形屋架的高，使学生自觉产生测量的需要。量出屋架的高以后，通过

把屋架的高抽象成三角形的高，并在刚才测量的部位分别画上一条线段，使学生能够自然地体会到数学概念与生活概念之间的联系，从而获得对概念的直观理解。由于这种理解还停留在个别特例和具体事物的层面上，因此教师不要立即要求学生给三角形的高下一个抽象的定义，应该进一步改变屋架的形状和摆放位置，引出三角形高的各种变式，再让学生通过观察、比较和思考，对三角形的高有更丰富和深刻的认识，可以有效地促成概念从个别、具体的特例向一般和抽象形式的转化。在完成“试一试”和“想想做做”以后，通过让学生说说底和高有什么关系，画高时要注意些什么，让学生在反思中进一步强化对概念本质的理解。

我鼓励赵老师：你一定要注意研究学生、研究教材，关注学生学得如何，注重对他们进行思考力的培养，注重过程性经验的积累，注重真正意义上的理解，为理解而教。

14

教辅读物功利化透析

2012年6月4日　星期一　多云

辅导学生自习时，偶然看到一名学生课桌上摆着一本教辅杂志。这种杂志十几年前我就看过。一看目录，栏目和文章标题都是各科考点分析、解题技巧和经验介绍，让人没有看下去的欲望。倒是封面、封底花花绿绿，挺吸引人，仔细一看，原来都是广告。

记忆中的该杂志，扉页是一幅幅漫画，配以简短的文字，让人捧腹大笑，封底刊登的是学生的美术习作，水准之高让人佩服。虽然其中也有不少学习经验、解题技巧之类的介绍，但更多的是各种文摘，既开阔了眼界，又有教育意义，是实实在在的精神食粮。只要新一期的杂志一到，大家就你争我夺，先睹为快，恨不得一口气看完。

反观手中这期杂志，印刷装帧精美多了，学生几乎人手一本，但大多压在书堆底下，几乎没有学生认真翻看。其实，岂止这种杂志，现在遍地都是专门面向学生的教辅资料，除了文学书籍外，又有哪些教辅杂志不是这样的情形呢？

教辅读物功利化倾向，是教育导向的反映，也是市场选择的结果。虽然素质教育早已成为社会共识，课程改革也在全国范围内如火如荼地推进，但应试教育的导向仍然有市场，分数、升学率仍然是评价教育质量究竟如何的

最有分量的标准。于是，面向学生的书刊自然以考试为中心，以让学生考高分为宗旨。分析考点、解题技巧和经验介绍成为“主菜”，其他内容只是“调料”而已。

这样的书刊没有多少学生喜欢，那也无所谓，毕竟财权和征订权主要掌握在家长、教师的手中，能获得他们的认可就不愁没有市场。除此之外，教师发表文章，最拿手的就是分析考点、介绍解题技巧和学习经验。于是，教辅读物既迎合了应试教育的需要，又做了顺水人情，赢得了许多教师的“偏爱”，何乐而不为呢？

教辅读物，顾名思义是辅佐教材的参考性书籍，应该与学生手中的课本、练习册、课堂教学内容呈互补关系。课本中没有的知识，它有；课堂上不讲的道理，它讲；学校教育提供不了的，它补充。它不应该变成学生手中的第二本练习册，成为学生的负担。

15

提高体育课质量

2012年6月20日　星期三　多云

到初中部教师办公室，这里只有一位体育教师，听说其他教师都去上课或忙着打印期末复习资料了。

我们聊了起来。这位体育教师给我看了一张体育期末成绩单，全班41人，体育课平时成绩只有3人95分，其余都是100分；期末综合成绩则有29名同学获得100分，其余12人都在96分至99分之间。看起来形势大好，但这位体育教师却直言“高兴不起来”。在常人看来，自己教的学生考试成绩几乎全是满分，教师应该高兴才对，是这位体育教师太矫情了吗？我继续追问，这位体育教师道出了原委，这些分数并不是学生体育课的真实成绩，更不是学生体质的真实反映。我说：“既然不是体育课的真实成绩，按学生上课考试情况打分不就行了吗？”这位教师很无奈地说：“我也想这样，也曾经让不合格的学生补考，但不仅学生不满意，身边的同事也不满意，甚至把我看作异类，认为我是没事找事。”

或许这位教师反映的只是一个特例，但体育课在学校不受重视却是事实。因为应试教育，许多学生没有养成体育锻炼的习惯；因为应试教育，使得体育课成了大多数学生锻炼身体的主要途径。如果体育课的质和量都无法得到保证，又何谈学生能强身健体呢？

体育课是学生学习体育技能、养成体育锻炼习惯的主要平台。要改变体育课目前的尴尬地位，既需要提倡全面发展，增加体育课的课时和强度，优化体育课程设置，同时，也需要每一位体育教师尽职尽责。大部分师生确实不够重视体育课，但体育教师是体育课的最后一道关卡，如果体育教师也听之任之，自暴自弃，不仅体育课的质量关把不好，还会使体育课更加边缘化。只有体育教师严格要求每一位学生，学生才会重视，体育课的质量才能提高，学生体质才有可能提高，基础教育的完整性才能真正得到体现。

16

学生作文缺乏真情实感

2012年9月3日　星期一　中雨

上午学校举行学生作文竞赛，下午放学后进行评比，我也参加了评比。有一篇四年级学生的作文，写的是暑假看电影，散场后看到观影厅遗留很多垃圾，我看后觉得真实生动。可是这样的作文比较少，过半的学生作文，缺乏真情实感，编造痕迹明显，内容雷同，套路化现象严重，虚假作文正在扼杀学生们的“真”：“小朋友，谢谢你，你叫什么名字?”“不用谢，我叫红领巾，这是我应该做的。”“买东西的时候，阿姨多找了两角钱，我低头看到胸前飘扬的红领巾，就退回去了。”“无数革命先辈抛头颅，洒热血，才换来了我们今天的幸福生活，和他们比起来，我的心里惭愧极了，我一定会好好学习，长大了为祖国做贡献”……

学生作文缺乏真情实感的原因很复杂。独生子女的成长环境和信息化的社会本来就容易让学生“早熟”，而传统文化的惯性，比如要尊敬师长、乐于助人、拾金不昧等观念，又会影响到学生。除此之外，应试教育也是导致学生说套话的原因之一。哪个学生手里没有一堆作文选？考试成绩越来越重要，这种束缚越来越严重，学生也就越来越失去个性化语言。怎么考就怎么教，达到标准就是“优”，达不到标准就是“次”。如果模式化代替了独立思考，内化为他们自己的表达方式，那么，这一代人将是苍白的、虚伪的、没有

想象力的。深层次的原因是教师没有把表达真情实感作为作文教学的第一要义，存在着有意无意“迫使”或者鼓励学生弄虚作假、胡编乱造的问题。

还是应该让学生老老实实地写写切身感受，比如写写清明参加祭奠看到现场遗留很多垃圾，写写春天天空飘下的柳絮，写写冬天来时大地一片萧索的景象，等等。写东西不一定非要瞄着有意义，也可以瞄着有意思。一个人的少年时期，本来就是一个有意思的阶段。

现在的学生学习压力大，很少有机会接触大自然和丰富的社会生活，缺乏写作素材，作文内容当然趋同。要给学生留出玩的时间，还学生一个充满童趣的童年。学生的作文只要做到有话说，有真情实感，语句通顺就可以了，不一定所有的文章都要立意高远，要鼓励学生写真实的东西，让学生用自己的眼睛看世界，用自己的语言说出真实的感受。

17

让教育真正发生

2012 年 10 月 17 日　星期三　晴

巡视校园，学校常态生活让我很纠结：校园内，经常看到一些废纸片，学生宿舍内生活用品摆放散乱。学生放学后，总有部分学生不排队，三三两两追逐打闹。自习课上，有学生不能主动学习。办公室里，个别教师不能自觉工作。功能室里，管理员不专心工作而在聊天。随机问几个学生：“图书室的管理员是不是一直这样？”得到的答案是：“经常这样。”

我深深地感觉到，学校管理出现了问题。这样的状态，师生安全难保，教学质量不会高，更难有教育价值。工作中，常常追求过于宏大的问题，而忽略了具体的教育教学与学校的常态生活。其实，应该有一种自觉的意识和情怀，努力发挥现有资源的价值。把常规工作做好，让教育真正发生，才有教育价值，才能办成一所体面的学校。只有把“大气做人、精致做事”的理念，深入到师生的内心，体现在工作生活学习的方方面面，才能积淀特色，才能成就品牌。要正视现实，不找借口，立即停下那些看似热闹却无实际意义的工作。当具有特定文化内涵的学校形象被师生认同后，就会以微妙的方式来影响师生的思想，产生对目标的认同感，从而形成一股强大的凝聚力量，使学校管理产生巨大的整体合力，推动学校的不断发展。而这种文化显然需要更多的师生去体会、去践行。

18

教室观察

2012 年 10 月 31 日　星期三　晴

上午观察一(3)班。

我七点十分进入教室，数学老师兼班主任黄老师已经在教室了，有两三名先到的学生正在读书或与黄老师交流。陆续到达的学生，多数也开始晨读。PPT 上的背景音乐，轻柔极了，上面展示学生们在校园玩耍时的照片，还有今天应该做的事情：

1. 作业：数学练习单、挑战题、口算练习册
2. 上课准备：晨诵本、铅笔盒、胶棒
3. 还书
4. 水杯
5. 安静地阅读

其中，“安静地阅读”为黄色字体，显然是在强调。

七点五十分左右，学生们基本到齐了。自由、放松，但没有喧嚣，多数学生在认真地读书，有些在借书、还书或做作业，这一切显得那么美好。

很快，八点了，数学课的时间到了。

PPT 画面切换成了“我要做个好孩子”。我注意到，黄老师没有说一句话，学生们就已经坐好了。

没有起立，直接放音乐《好妈妈》，学生们迅速坐端正，开始唱《好妈妈》。

唱歌结束后是一个短暂的交流：昨天和前天，给爸爸妈妈送一幅画，你们画了什么？

教师出示了部分学生的作品，并让学生进行叙述。讲完后，黄老师表扬学生的叙述越来越清楚。

过了几分钟，有一名学生迟到了。黄老师没有说什么，做了一个让他回座位的动作，没有停止讲课。他讲得绘声绘色，多以分享为主，再指出还需要学生努力的地方。

几分钟后，开始学习新课“10以内的加法和减法”例题9（投影展示一些学生在跳高的场景）……黄老师让学生观察，说说画面上有哪些人、在干什么，顺便解释了跳高的要领（这个解释可有可无）。之后是全班学生一起说，然后是学生单独说。黄老师指导学生怎么说（教师示范，学生笑）。之后，学生的表达有了变化，虽然还不是很好，但比之前好了许多。根据学生的发言，黄老师板书：8＋1＝9，1＋8＝9；9－1＝8，9－8＝1。

整节数学课是很从容自由的。我认为，对于一年级学生，数学课最重要的仍然是感悟。让学生在活动中感悟数学内涵，感悟数学之魂，势必会提高学生数学学习的兴趣和效率。

接下来听朱老师的写字课。

朱老师先让学生活动一下手。

写的第一个字是“乐”，第二个字是“有”。

朱老师的指导很细致，每一笔怎么写，要注意位置有什么特点，然后学生再练习。

我想，可能需要注意以下几个问题：

一是写字的数量太少，我觉得三到四个为宜，计划写两个，结果居然只教了一个，有些学生写完了就开始玩。

二是讲得细致是对的，但要抓住关键，让学生聚焦重点。例如，“乐”字

的关键是第二笔和第三笔，抓住了这个关键，写出来的字基本没有问题。第一撇本无关紧要，这里浪费了一些时间。写字课应该是通过观察抓住重点，然后反复练习和反馈。

三是在学生写字的过程中，教师可以适当评价写得好的字，这样有利于提高效率。如果等全部写完后再评价，就没有时间修改了。

四是对学生的反馈要因人而异，对写得不太好的学生，应重点指导。对写得好的学生，要提升标准，追求更好。

有一个细节很有意思，一名学生被表扬后，自己拿着字放到投影仪上，然后自己下来看，喜滋滋的。

今天上午最大的感受是这个班级越来越润泽了。这种润泽在几个细节上表现得很明显：

第一，黄老师现在不吼学生了，这是很大的进步。今天上午他说话的声音比较轻柔。这种轻柔相当重要，时间久了，学生也就不容易浮躁了。

第二，黄老师的纪律性指令越来越少了。晨读前一直到上课，他都没有怎么说话，没刻意强调纪律，学生照样能做得很好。

第三，课堂越来越自由了。数学课上课初黄老师有一个写绘的分享，有好的东西随时可以分享，有不好的行为，随时可以反省。将原来的界限打通，教师就自由了。

第四，一些细节处理得可圈可点。有学生迟到，黄老师一个很小的动作示意学生不要出声回到座位，同时继续上课，这是非常好的处理办法（当然，课后可询问原因）。

总之，教师越来越找到上课的感觉了。

19

课堂生长为什么这样自然

2012年11月6日　星期二　晴

今天有幸聆听特级教师张齐华执教苏教版五年级数学上册“认识负数”一节课，领略到了别样的课堂风景，不由感叹数学课堂竟有如此自然的生长力。

课堂伊始，张老师问：“你在哪里见过负数？”学生举例：－1层、－20℃、－3 000米、－50元。张老师进而请学生画出这些负数，并组织学生进行交流，结合直观图不断追问。如交流“－1层”的画法时，张老师追问：“你反复提到地下，地在哪里呢？请你在图上画出来。”交流“－20℃”的画法时，张老师追问：“这里为什么要画出0℃呢？”……在一系列追问中，学生深刻感悟到0是介于正、负数之间的临界点。

以温度计这一生活原型切入负数的概念理解，已成为当下大多数教师的做法：先出示三亚20℃、南京0℃、哈尔滨－20℃的温度计图，再引导学生比较三亚与哈尔滨的温度有什么不同，进而引出负数的概念。将上述教学流程与张老师的课堂进行对比，不难发现：前者的温度计原型是由教师直接提供，学生新知的学习也是在教师的牵引下被动地生成。而后者让学生自己画一画见过的负数，并以学生生成的画法为教学资源，组织学生交流并不断追问，在师生、生生之间的对话中，彼此的思想进行碰撞、交融与提升，从

而实现了数学概念的自然生成。

数学具有抽象的形式，往往给人以错觉，以为难以靠近，只注意到数学的“形”而忽视了数学的“神”——数学的思维方式，这正是数学最有魅力的地方。以课堂生长的视角审视当前的教学，重视寻找旧知与新知之间的联结点，重视基于教师的引导建构新知，而忽视了深挖学生所具备的诸多可持续生长的资源。张老师以学生自主“画负数”这一活动为载体，有效激活了学生内隐的有关各种负数原型的前概念，使学生逐渐发现数学朴素的外表下丰富的内涵，为学生理解负数的本质提供了意义支撑。

20

感恩作业不需要包装

2013 年 2 月 28 日　星期四　阴

刚开学这几天，小学部少先队和中学部政教处给学生布置了一份特殊的作业：晚上给父母洗脚。

今天下午放学前在校门外碰见几位来接孩子的家长，通过了解才知道，这份看似能让父母享享清福的作业，到头来却弄得父母手忙脚乱。

原来，要完成这项作业可不是仅仅洗个脚那么简单。洗脚场景要拍照，之后还要打印出来，粘贴在纸上，配上学生和家长的感言。这还不够，因为要进行展览，教师还要求"将页面布置得漂亮一些"。如此烦琐的步骤让不少父母抱怨：这根本就是给家长布置的作业！

少先队和政教处布置学生为家长洗脚，初衷是加强学生的品德教育，让孩子学会感恩、心存他人。少先队和政教处的初衷值得称赞，能让孩子在亲身体验中学会如何更好地表达爱。然而，洗脚作业一旦经过拍照、装饰、展览等层层"包装"后，难免多了点儿"秀"的成分，让人觉得感恩的初衷变了味。更何况，感恩教育应该是一种润物细无声的教育，教师与其在作业的形式上下功夫，不如与家长一起把感恩教育渗透到学生日常生活中，这样更能让学生发自内心地体会到感恩教育的意义。

21

值得回味的一件事

2013年4月8日 星期一 多云

在常熟市实验小学观摩，我受益匪浅，感触颇深。特别是四年级数学“乘法结合律”一课的教学，让我对新课改有了更深的理解。

在课堂导入环节，教师和学生做了一个小游戏——师生共做一道题：2×25×5，看谁算得快。在指定的时间内，教师完成了，学生却还在计算。

师：同学们想不想知道我为什么算得比你们快？

生：想。

师：我运用了一种很简单的方法——乘法结合律。你们想探索乘法结合律的奥秘吗？

生：想。

师：那我们一起走进“文本探究”。

探究新知环节，学生先是带着问题自主探究，接着合作交流，对学、群学，随后是展示提升环节，精彩就此展开。

生1：同学们，请把目光聚焦到我们组。我们组是这样想的，每个小组种5棵树，共有25个小组，我们就先算出一共要种多少棵树。每棵树要浇2桶水，那就用树的总棵数乘以2，算出一共要浇多少桶水。所以算式是25×

5×2。

生2:我的想法与你们组不同。我是先算每个小组要浇多少桶水,然后再算25个小组要浇多少桶水,算式是25×(5×2),我觉得这样计算比较简便。

师:你们的想法都很好。那你们能看出来这两道算式中的相同点和不同点吗?

生3:这个问题我来回答。这两道算式因数都相同,积也相同,但计算顺序不同。

师:从这两道算式中你们发现了什么?

生4:通过这两道算式我发现,3个数相乘,可以先让后两个数相乘,积不变,这就是乘法结合律。

他的话音刚落,又有学生站起来抢着回答。就这样争执、探讨着,课堂气氛非常活跃。

师:同学们能用几个类似这样的算式验证这个定律吗?

生5:7×25×4=7×(25×4)

……

课堂气氛又一次活跃起来。

师:想记住这个运算定律吗?你想用什么方法记忆?

生6:a×b×c=a×(b×c)

生7:(●×◆)×▲=●×(◆×▲)

课堂气氛再一次活跃起来。

最后,教师进行了总结和点评,一节课就这样在不知不觉中结束了,听课教师不禁连连赞叹。

整个课堂,教师设计问题切合了学生的需求,让学生产生了渴求知识的欲望。点拨是那么到位,能让学生把知识难点理解透彻,做到扎实有效。

“合作探究”环节中的对学、群学，可以达到锻炼学生团队合作意识的目的。

这样的课堂调动了学生学习的积极性、主动性，真正体现了“学生是课堂的主体”，真正把知识学习和能力培养融为一体，实现了课堂教学的高效性、实效性。

这节课最让我佩服的是小组展示环节，学生能够做到分工明确，课堂发言声音洪亮，教师板书清晰美观，问题阐释恰到好处，学习讨论紧张高效，听讲质疑认真专注。

听课结束后，我反复思索，原来课还可以这样上，学生学习的积极性竟然这么高。我也逐渐明白，要想调动学生的积极性，发挥学生的潜力，需要从课堂教学改革入手，这是提高教学质量的必由之路。

22

玩具不应该是父母掌控孩子的筹码

2013 年 5 月 7 日　星期二　阴

在中心幼儿园门口，一个四岁左右的小男孩和妈妈的“战争”吸引了我的注意。只见小男孩目不转睛地伫立在玩具摊位前，任凭旁边推着电瓶车的妈妈再三催促回家也不肯离开。这位怒火中烧的妈妈索性丢下电瓶车，径直向小男孩走去：“你走不走？再不走，揍你！”这时小男孩直接躺倒在地上，嘴里不停地嚷嚷着：“我要买玩具，我要买玩具！”这位妈妈一把拽住小男孩的胳膊，嘴里不停地念叨：“家里玩具那么多，你还想买。那么贵，你又不听话，就不该给你买！”

这情形让我想到一些家长平常溺爱孩子，经常这样对孩子说：“宝宝乖，爸爸妈妈不在家，你要听爷爷奶奶的话。只要你听话，周末爸爸妈妈就带你上街去买玩具！”

在这些父母心中，玩具成了把控孩子的工具，孩子听话就给买，孩子不听话就不买。其实，评判孩子听话与否的是父母，评判标准随着父母情绪、心理的变化而随时变化，孩子很少能够达到父母心目中的即时标准，这个评判方式是不公平的。

玩要是孩子的天性，孩子通过玩要来了解世界，强化从父母、老师、生活以及自然界汲取的知识。他们不是不听话，只是停不下探索周边世界的脚步。

玩具，不是也不应该是父母与孩子斗争的筹码。不管孩子听不听话，父母都应该给孩子购买玩具。买了玩具，最好不要仅仅把玩具丢给孩子自己玩，而应该参与到和孩子一起玩玩具的过程中来。如果每次给孩子买了玩具都跟他一起玩，比如买了做饭的工具，就和他一起玩做饭的游戏，相信每一件玩具在孩子脑海中留下的印象不仅是好玩，还有和父母亲在一起开心的画面。

玩具是孩子的伙伴，不应该成为父母和孩子讨价还价的工具。任何把玩具与听话或奖励联系在一起的言行，都是违背孩子成长规律的，都是对孩子的伤害。诚恳呼吁每一位父母别再跟孩子说：只要你听话，我就给你买玩具！

23

不能扼杀学生的想象力

2013年9月9日 星期一 阵雨

晚饭后随手翻阅旧杂志，看到这样一则趣闻：一个美国妇女带女儿去买东西，发现女儿居然认得商品标签上的字母“O”，惊讶地追问女儿怎么知道的，女儿说是托儿所阿姨教的。母亲一怒之下，一纸诉状将托儿所阿姨告上了法庭，理由是过早地教女儿英文字母，扼杀了孩子的想象力。

看完这则新闻，一来后悔自己学习不够，到现在才看到；二来不禁哑然失笑，觉得这位母亲也有点太小题大做、吹毛求疵了。但是，换位思考一下，又觉得她这样做也不无道理。试想，如果她的女儿还不认识英文字母“O”的话，那么就可以将“O”想象成一轮太阳、一轮圆月、一个汉堡甚至是一个鸡蛋。但很遗憾的是，她现在已经不能了，因为现在的答案只有一个，那就是字母“O”。

蓦然想起上午推门听课时，二年级一位年轻的语文教师以“（　）的天空”这一填空引导学生张开想象的翅膀练习说话。一个学生说，天空是碧蓝的，像一块蓝绸子；一个学生说，夏天快要下雨时，天空是黑黑的，布满乌云；又一个学生说，冬天下雪时，天空飞舞着雪花，天空变成白茫茫的了……一个胖乎乎的学生迫不及待地说：“老师，天空是红色的。”全班哄堂大笑，老师没有笑，而是继续问他：“你为什么认为天空是红色的呢？”学生回答：“太阳

要下山的时候，阳光映红了整个天空，所以天空就成了红色的了。”我非常惊讶，从小到大，从没想过天空会是红色的。现在，这个满脸稚气的二年级小学生改变了我的想法，也许若干年以后，他改变的就是整个世界啊！

新课程改革的核心理念是“为了每一位学生的终身发展”，要求教师要特别关注学生的个性，尊重学生的个性差异，为每一名学生的发展创造空间，让他们都有机会展示自己的智慧与才华。在课堂上，教师只有留给学生充分自由的时空，让他们能够大胆地说出自己的观点，蹲下身来，用心倾听学生的独特见解和个性感受，做学生的良师益友，才有可能培养出越来越多的“雪融化以后是春天”的浪漫诗人，研究“壁虎猪”的转基因科学家，使亩产几千斤的神话变成现实的超级农民……

爱因斯坦说过：“想象力比知识更重要。”知识是有限的，发展学生的想象力比习得知识更重要。是呀，天空是蓝蓝的，但有时候，天空也可以是红的、白的、黑的……天空怎么不可以是五彩缤纷的呢？

24

不应该让学生回家拿作业

2013年9月30日　星期一　多云

上午我正在上第二节课，发现有两名学生不在教室，就问是怎么回事，学生们七嘴八舌地嚷嚷道："上节课，某某老师让他们回家拿作业去了。"

我没再问什么，继续上课。

课后，我立即与这位教师进行了坦诚友好的交流。

学生忘了带作业，有时是真的忘了带，有时则是没有做而谎称忘记带。不管怎样，学生来到学校后，教师再折腾他们回家去拿，并没有什么实际的教育意义和效果。难道就是为了证实学生所说的真假吗？这样做，真忘记带作业的学生会遭受折腾之苦，心里不免委屈。就算是撒谎说忘记带作业的学生，被要求回家拿来了临时补做的作业后，又能怎么样？到时教师还是要回到耐心教育、引导的路径上来。而且，学生回家，要耽误多少时间，不能继续接下来的课程学习不说，也许还会有心理纠结和煎熬，甚至可能发生安全事故。因此，让学生回家拿作业，有变相体罚学生的嫌疑，与当下倡导的以学生为本的教育理念相悖。

不论学生是真的忘带作业，还是假的忘带作业，教师都不应该让他们离开课堂。我们不能以任何借口，包括关心学生、严格要求等，剥夺学生正常上课的权利。对于撒谎的学生，教师应该为其留有改正的机会，这是一种教

育策略，更是一种教育情怀。

在教育过程中，“逼”是不能解决问题的。如果学生成长在一个充满关怀的教育环境里，有助于促进他们的自我反思和成长。这种美好的成长过程，教师理应尊重并且充满期待。

德国哲学家雅斯贝尔斯曾说：“教育的本质意味着：一棵树摇动另一棵树，一朵云推动另一朵云，一个灵魂唤醒另一个灵魂。”在我看来，那些符合人性、人情的做法可能就是教育。要做个好教师，就要从不让学生回家拿作业之类的小事做起。

25

让候课成为教学习惯

2013年10月10日 星期四 晴

预备铃声刚刚响起，在学生们走进教室的时候，教师就已站立在教室门口，亲切地看着学生进入教室，就像一位意气风发的将军在他的阵地上检阅即将投入战斗的士兵，这样的教学前奏行为，称为“候课”。候课是教师课堂教学活动的预备状态，可以让教师、学生在上课前及时进入教学角色。

候课应该是学校课堂教学常规流程中的一个必要环节，然而许多教师没有候课的习惯。针对这种情况，在下午的业务学习会上我跟教师们进行了交流，我说候课至少有以下的优点。

一是可以让学生较好地进入上课状态。一节课结束后，学生总要利用课间十分钟时间放松一下，多数学生能做好下节课上课准备，但也会有一部分学习习惯不好、自控能力弱的学生，快上课了还在追逐喧哗，有的上课铃响后才慌慌张张跑进教室。教师候课，既可促使学生快速进入教室，又能使学生做好上课前的各种准备。这样做不仅消除了学生课间活动的疲劳和兴奋，也为他们接受新知识做好了必要的课前准备和心理铺垫。学生意识到马上就要上课了，就会平复情绪，准备上课。

二是可以潜移默化地影响学生。学校无小事，事事皆教育。教师无小节，处处是楷模。要求学生做的，教师必须自己先做到，而且要做得更好，给

学生树立榜样。只有这样，学生才能“亲其师、信其道”，教师也才能为人师表。教师要求学生珍惜时间，自己又怎么能不珍惜课堂上的每一分钟呢？教师候课能充分体现其严谨治学的态度，并以此来影响学生，对学生起到潜移默化的教育作用。

三是可以充分地与学生交流沟通。无论是班主任还是学科教师，都要了解学生的具体情况。提前两三分钟到教室，教师可以利用上课前的两三分钟和学生谈谈心，了解一下他们的生活和学习情况，教师也可以谈一谈自己对一些问题的看法和体会，同时可以回答学生在学习中遇到的各种疑问。这样既拉近了师生之间的距离，又能准确把握学生的思想状况，使教学更有针对性。

当然，候课作为课堂教学流程中的一个重要组成部分，如何充分发挥其作用值得进一步探讨。我友情提醒教师们注意把握以下几个方面。

一是把握好候课的时间。踩着上课的铃声步入教室，这不是候课，提前半个小时或前一节课刚刚结束就跨进教室也是不合适的，一般候课时间1～3分钟比较恰当。这样既保证了学生的课间休息，又留有一定的时间与学生沟通交流，达到候课的目的。

二是避免在候课时进行集体教育活动。有的教师特别是班主任往往会在课前几分钟总结班级工作，或针对有关问题对学生进行批评教育，甚至大加训斥等。这样做会压抑课堂气氛，影响学生学习，从而与候课的初衷背道而驰。

三是避免变候课为提前上课。有的教师提前进入教室后就开始讲课，无形之中延长了教学时间，加重了学生的学习负担，反而会引起学生的不满情绪，影响教学效果。

26

教师应当表里如一

2013年12月25日　星期三　多云

下午参加学校组织的以“师能”为主题的沙龙活动，很是热闹。有的说家长存在许多问题影响教师工作能力发挥，有的将教师上课比作演员登台……

轮到我总结发言了，我没有评论家庭教育问题，而是就把教师上课比作演员登台，发表自己的看法。

我说，将教师上课比作演员登台，的确，“台上十分钟，台下十年功”，二者何其相似。不过，稍加比较就会发现，这两种职业之间的差异性要远远大于相似点。演员在台上可以是领袖、英雄，一旦走下舞台，卸去戏装，便不必再如角色般高气节；教师则不然，课上诲人不倦、谆谆言教，走出课堂，拭去粉尘，依然得处处为人师表，言教之外，不忘身教。

试想，倘若教师课堂上慷慨激昂，痛陈社会腐败之恶，课后却醉心于有偿家教，或执着于挖掘家长资源；课堂上要求学生严守校规，或戒除不良嗜好，自己却是“麻场”常客，动辄迟到、早退……如此“师表”，纵然课堂上讲得眉飞色舞，留给学生的恐怕只能是故弄玄虚的滑稽感，又如何令学生心悦诚服？

其实，大到道德信仰、人格操守、遵法守纪，小到待人接物、吃饭穿衣、仪

表修饰，教师在课堂内外恐怕都有一个表里如一的问题。否则，一件微不足道的小事，都有可能使教师在学生心目中的形象受损。

韩愈早就在《师说》一文中明确了教师的基本职责：传道、授业、解惑。而这“传道”之功绝不仅仅限于课堂上的说教，更在于教师的师德、品行、人格对学生潜移默化的影响。从某种意义上说，教师的人格魅力对学生的濡染，要胜过那一本本教科书的力量。教育前辈们之所以能够名垂青史，并非仅仅依赖于他们字字珠玑的警语名言、深邃睿智的教育思想，更是凭着他们“高山仰止，景行行止”的品行、人格，而成为千秋师表、万世楷模。

教师队伍建设，内涵丰富，任重道远。

27

教育要注意细节

2014年1月16日　星期四　阴转多云

巡视校园，走到幼儿园操场上。

有几个孩子每人手里拿着一个气球在玩耍，突然变天，教师给孩子们穿衣服。一个小朋友穿完后大哭："我的气球去哪儿了？"教师回应："你的气球没有了。"听完后孩子哭得更厉害了。这位教师手足无措，只能说："你别哭了！"旁边的一位教师看到后，摸着孩子的头说："你想一想，这个气球会在哪里？我们可不可以一起把它找回来？"孩子好像想起啥，高兴地说："我想起来了，刚才的那个气球我放飞了，飞的时候我还看它飞得好高、好远。"

一个小女孩报告老师："我想去玩秋千。"教师看秋千上还有人，便说："不行，等秋千上的小朋友下来，你才能上去玩……"可这个孩子还没听完就哭了，教师不解。其实，孩子哭的原因很简单，因为她没有听完教师的话，只听到"不行"两个字。如果教师换个方式说："行，但是你需要等上面的孩子下来以后再去玩，现在这段时间，你先去玩别的，一会儿我去叫你。"估计这个问题就化解了。教师应该引导幼儿学会等待。

有一大堆塑料管，大小、粗细、长短各不相同，孩子们几个人一组，将合适的管子拼插组成一根长管子。可就在这时，有一组孩子手里的管子套不上，却恰恰发现另一组的管子正适合他们，于是，抢管子的"战争"开始了。

站在一旁的教师看到此情景，并没有上前去阻拦，而是有意识地在一旁观察。这时，一个小男孩大声地说："别吵了，我有一个主意，我们可以一起插一根长长的管子呀!"就是这样一句话，就将几个孩子的注意力一下吸引过去了，原本是在抢管子，现在变成了大家合作完成一个目标，前一秒要激化的矛盾在后一秒就解决了。在幼儿阶段，人际交往主要靠合作性的玩具和合作性的游戏进行。在合作交往中，往往会产生矛盾，教师要学会放手，更多地鼓励孩子之间的交往。

以上这些细节，只是幼儿教师每天在日常教育行为中的沧海一粟。之所以不厌其烦地强调这些细节，是因为我相信，教育无神话，多一分细节的关注，就多一分成功的可能。这些细节就是幼儿教育进一步提升内涵的增长点。蒙台梭利说："儿童正是利用他周围的一切塑造了自己。"幼儿最主要的学习方式是模仿。模仿的对象通常是在幼儿眼中具有较高地位和权威性的人。一般来说，幼儿对教师具有最强烈的认同感，甚至是"迷信"。在幼儿园，教师几乎没有什么私密的空间，因为总有一双双小眼睛在注视着你。我们希望看到：一位教师吃过饭给同事递上一张纸巾，孩子们吃完饭也给同桌的小朋友递上纸巾；教师见人会说"你好"，小孩子也能"你好""你好"地互相打招呼；教师们每天和睦相处、互助互爱，天冷为休息的同事披上一件衣服，孩子也慢慢懂得了关爱。这不是刻意的教育，但却能够在教育过程中起到十分重要的作用，如果用成语表达就叫作"言传身教""耳濡目染"。

28

做个贴心人

2014年2月18日　星期二　中雪转阴

中午和年轻同事一起在食堂吃饭，问他有没有什么忌口，他说："除了韭菜，其他都行。""为什么呢？"同事答道："上幼儿园的时候，有一次中午吃韭菜饺子，我胃口小，吃不下。幼儿园老师为了教育我们'粒粒皆辛苦'的道理，硬是强迫我吃完，之后我就吐了。从此再也吃不下韭菜了。"我不禁愕然，原来小时候的"教育"还能产生这样的结果。

勤俭节约、艰苦朴素确实是传统美德，但是，教师在教育过程中的某种强迫却让培养这优秀品质的过程变成了孩子长久的痛苦记忆。我想，如果当时教师不是强迫孩子吃完，而是告诉孩子，吃多少盛多少，别饿着，也别撑着，还不要浪费每一粒粮食。那效果可能要好得多。

教育要讲究方式方法，简单粗暴地执行某些"金科玉律"，有时反而会适得其反。就像阳光虽然是万物生长的能量来源，但是习性不同的植物，也不能统统拿到太阳底下暴晒。如果都沐浴阳光，可能太阳花灿烂绽放了，而绿萝只能含恨而死了。孩子也是一样，每一个孩子都是独立的生命个体，有着各自不同的身体和心理特征。

在孩子的成长过程中，除了父母以外，教师应该是影响最大的人。教师的一个善良举动，可能会让学生铭记一生。教师的一次冤枉错怪，可能会让

学生对某事永久丧失兴趣。所以,敬爱的教师们,请别让教育违背了人性,请设身处地地为孩子们着想,请做孩子温暖的贴心人。

看一位教师是不是孩子的贴心人,只要看看他怎样走近孩子。如果一位教师走近孩子的时候,尤其是走近所谓"不听话"的孩子时,他的表情总是温和的,语调总是轻柔的,心情也总是平稳的,如此大抵可以断定他是这个孩子的贴心人。

29

基础教育不存在“没有功劳也有苦劳”

2014年4月18日　星期五　多云转中雨

办公室来了一位五十多岁的教师，我倒了一杯茶，请他坐下来慢慢说。他说他是1984年参加教育工作的，到今年暑假正好教书三十年，非常不容易，没有功劳也有苦劳。现在提前说，想下学期少教几节课，最好能到后勤岗位，希望学校能够考虑。

不少年龄偏大的教师都有这种想法，类似的话以前就听过很多次。

所谓“没有功劳也有苦劳”，“大不了白干一场”是对工作结果“零效能”状态的一种描述，意指即使工作没有成效，但考虑到至少付出了辛苦劳动，因此便不应该责怪，应该受到原谅和照顾。然而，这种说法在一般性的工作中可能是成立的，在教育尤其是基础教育中却是不成立的。因为，鉴于教育对象的互动性以及教育对象在基础教育阶段所呈现出的发展性和可塑性极强的特点，教育的效能要么是正向的，要么是负向的，任何教育活动都不可能在教育对象身上呈现出毫无痕迹的“零效能”状态，只不过由于教育效能的后果呈现有较大的滞后性和隐蔽性，难以被人快速而明确地认识到。

当我们不能够给予学生正确的教育时，我们就会把学生“教育错了”，而这种“错”不仅仅是让学生的发展停滞，而且会对学生的发展带来不易察觉的“摧残”——因为“得到了不该得到的”，所以“错过了不该错过的”；因为

"填充了不该填充的",所以"失去了不该失去的"。在这种不当的"得"与"失"之间,我们因关注到那些"得到"而喜不自禁,却对那些更为重要的"失去"浑然不觉。正是在这种浑然不觉中,也许我们让学生们离智慧越来越远。

遗憾的是,这样的道理原本很浅显,却常常被我们忽略。对于教师年龄较大想少教几节课或者要求到后勤岗位,其实我是深表同情的。但同情之余也想追问他们:有没有对教书育人的伟大使命问心无愧?

哲学家卢梭曾经说过:"误用光阴比虚掷光阴损失更大,教育错了的孩子比没有受过教育的孩子离智慧更远。"

30

要做一个努力的人

2014年5月27日　星期二　多云

上午参加校长办公会，让学生来“挑刺”，请学生对学校工作提意见。这样的活动每学期都有一次。

主持人提问，先问中学部一个女生：“你长大以后要做什么样的人？”“当教师。”又问小学部一个男生：“你长大以后要做什么样的人？”学生看看我们几个教师，然后说：“做企业家。”在场的人忽地笑着鼓起了掌，我也拍了拍手，但听着并不舒服。这些学生对于教师、企业家究竟知道多少呢？他们是不是因为当着我们的面才说要当教师、做企业家的呢？他们是不是受了社会的影响，以为教师、企业家风光，才要当教师、做企业家的呢？

这一切当然都是谜。但不管怎样，人生志向具体是什么并不重要，重要的是要从小立志做一个努力的人。

我小的时候也曾被问过同样的问题，我的回答不外乎当医生、解放军、科学家之类。时光一晃流走了四十年，如今我已经是五十出头的人。但仔细想一想，当年我在大人们面前表白过的志向，一个也没有实现，身边的其他人差不多也是如此。我初中时有两个同窗好友，一个想当医生，后来却做了小商贩，另一个想当解放军，竟成了囚犯。无论有多大的想象力，我们也想不到四十年后会是现在这样。我们在奋斗中成长，一步一步努力走到今

天。与其说我们是有理想的人，不如说我们是一直在努力的人。

并非我们不重视理想，而是因为树雄心壮志易、为理想努力难。有谁会想到，十多年前的今天在街头彷徨、为生存犯愁的人，如今成了中国彩电骨干企业的经营者。当时的他，一无所有，前途渺茫，真不知路在何处。然而，他却没有灰心失望，支撑他走过这段坎坷岁月的正是他的意志品格。当年，许多人以为他已经不行、该不行了的时候，他仍做着从地上爬起来的努力，他坚信人生就像马拉多纳踢球，往往是在快要倒下去的时候"进球"获得生机的。事实也正是如此，就在"山重水复疑无路"的时候，香港一家企业倒闭，给了他东山再起的机会，使他能够与当时掌握世界最新技术的英国科技人员合作，开发出了技术先进的彩色电视机，从此走出困境。

有人说，"努力"与"拥有"是人生一左一右的两道风景。但是，人生最美的风景应该是努力。努力是人生的一种精神状态，是对生命的一种赤子之情。努力是拥有之母，拥有是努力之子。一心努力，可谓条条大路通罗马；只想获取，可谓道路逼仄，天地窄小。所以，与其计划自己一定要成为一个什么样的人物，获得什么东西，不如磨炼自己做一个努力的人。志向再高，没有努力，志向终难坚守；没有远大目标，因为努力，终会找到奋斗的方向。做一个努力的人，可以说是人生最切实际的目标。

许多人因为给自己定的目标太高、太功利，因为难以实现而变得灰头土脸，最终灰心失望。究其原因，往往就是因为太关注拥有，而忽略做一个努力的人。对于今天的学生，如果我们只关注他们将来要成为什么样的人物，不把意志品质作为做人的首要目标提出来，最终我们可能会培养出许多狭隘、自私、脆弱和境界不高的人。这才是最失败的教育。

31

不一样的三角形

2014年6月20日　星期五　阴

如果条件允许，每次听课我总会选择教室后方或者两侧距学生最近的座位。这样在关注教师授课的同时，可以近距离观察某几名学生的课堂表现，更细致地思考和体会学生的学习成长历程。

上午，听四(3)班数学课，内容是“平面图形的认识”复习课。课上，讲到三角形是由三条线段围成的图形以及三条边的关系时，教师让学生用小棒在桌面摆一个三角形。可能是因为复习，没什么难度，大部分学生很快就摆好了，坐在我旁边的男生手里还不停地摆弄着，几个用不同数量小棒摆成的三角形呈现在桌面上。

“谁摆好了？请举手！”学生齐刷刷地举起了手。这个男生左右看了看，也把手高高地举了起来，小手还不停地晃动，他在为自己与众不同的新发现而兴奋不已。教师接着问：“用了几根小棒？”“三根！”“三角形任意两边长度的和一定大于第三边吗？”“一定大于！”齐答的声音洪亮而坚定，这个男生小小的不同声音淹没在一致的声音里。教师没有听到，也没有注意到这只举得高高的兴奋的小手，更没有看到教室最后一排课桌上几个不一样的三角形。几秒钟之后，教师开始进行后面的教学环节，那只高高举起的小手悄悄地落了下去，而当我的视线再次回到他的课桌上时，那里只留下一个与其他

学生一样用三根小棒摆成的规规矩矩的三角形。

这是一节公开课。教学环节设计得很新颖，教学流程也进行得很顺利。教学目标明确，重点难点突出，教学方法灵活，课堂容量适中，课上四十分钟完成了教材规定的教学任务，教师讲完的时候下课铃声也响了。整节课似乎无可挑剔，但是我却始终忘不了课堂上那几个不一样的三角形，感觉这节课少了些自然和灵动，少了些师生、学生之间思维碰撞的精彩。或许是因为，那样的不期而遇才让人更加感动和难忘。

其实，数学教学是数学活动的教学，是师生之间、学生之间互动与共同发展的过程。数学活动不仅仅表现为课上的摆一摆、演一演、算一算、说一说等显性活动，更应该是数学思维的训练、数学思想的渗透，是情感的交汇、精神的历险，是学生已有生活经历和经验数学化的过程。这个过程，一定是充满不确定性的动态生成过程。

但是，许多课堂却将教学封闭成一个“教”的状态，放大了教师教的作用，而忽视了学生学的本能。尤其是公开课，师生按照预定的流程、内容、节奏开展活动，环节流畅，有条不紊。任何预设之外的小插曲，都可能令教师感到不安和慌乱，整节课也可能因此乱了阵脚，耽搁了时间，影响了进度，搞得教师无法驾驭。因此，许多教师尤其是在上公开课时不敢放手，师生均拘泥于教学设计的框架，即使有很好的资源生成，比如这节课里那几个“不一样的三角形”，也可能会视而不见或一带而过。对课堂的过度预设成了限制学生思维扩展和个性释放的桎梏。

课堂究竟如何实现由封闭的“教”转向开放的“学”？可能需要把“将课堂填满”转变为“把课堂做空”。就是要简化各种细碎烦琐的环节设计，剔除简单机械的操作和练习，将学习的主动权还给学生，将学习的时间和空间还给学生，真正变“教室”为“学堂”。这样的教学回归到朴素而真实的原生态，在合作学习、探究学习、个性展示中，学生作为生命个体的独特性才能得到充分的尊重和肯定。

教育之美绝不止于操作和活动等外显之美，它始终与人性、灵魂等人的内在品质有所关联。学生真实地表达自己独到的见解，快乐地分享新奇的发现，这样的课堂或许乱哄哄不怎么好看，但却能看到师生在潜心思考、专注倾听、理性表达、巧妙质疑、充分讨论，能让人感受到新知识与学生已有知识经验的完美对接，感受到学生对数学与生活的有机感悟，这一切都源自学生学习本能所迸发出的蓬勃力量。

只有当教学设计真正立足于学生学的本能，与“不一样的三角形”类似的现象才不会再带给学生被冷落的遗憾，而是会带给他们开启思维和智慧的惊喜。

32

学生应该记课堂笔记

2014年10月29日　星期三　小雨

下午在九(2)班听课时发现，有很多学生听课不记笔记，这种现象令我为同学们的学习效果担忧。我觉得，互联网时代仍要拾回记课堂笔记的学习习惯。

课后与上课教师交流。

记笔记或许事小，但学习方法事大。记笔记问题根本上是如何学习的问题。“小”只是表象，更科学地表达，它属于教育领域中的微观问题，微观不等于不重要。美国著名未来学家阿尔文·托夫勒若干年前就曾预言，未来的文盲不是不识字的人，而是没有学会学习的人。时至今日，教学功能不断延伸扩展，但人才培养始终被公认为教学的基本职能。

现在的学生们较之以前不太爱记笔记。交流当中，很多人认为这已经不是问题，信息技术如此发达，早已被广泛应用于课堂学习。问题在于，记笔记只是记知识点吗？课堂学习只是单纯听讲吗？答案自然是否定的。以现代信息技术的发达来掩盖记笔记的重要，其实恰恰反映出对记笔记理解的片面。

课堂教学是知识传授的过程，更是思想撞击与互动的过程，是灵感迸发的过程。记笔记当然需要记录重要的知识点，但更重要的，其实是记录下自己在听课时的延伸理解、认识和思维。而这样的学习收获是课堂之外难以实现的,也常常是必须通过记笔记才能及时捕捉并保存下来的。记笔记的过程,实际上就是学而思的过程。可以说,愈是在信息技术高度发达的今天,信息获取的碎片化愈发明显,学会记笔记才愈显得重要。现在的学生们,确有必要重拾记笔记的好习惯。从另一方面反思,学生在课堂上不记笔记,表明教师的课堂组织是不足的。可能是讲课内容照搬教材,不能激发学生灵感的产生和记录的冲动;可能是教师自己对记笔记的重要性认识不足,从而放松了对学生的要求。

从更广的意义上来讲,记笔记也不仅仅是对教师和学生的要求。现在社会上有个怪现象:很多人参加会议不记笔记,很多成年人自己不喜欢阅读、不喜欢思考,却对学校教育寄予过高的要求,总希望自己的子女能够实现自己未尽的理想。然而,教育是个系统工程,有些时候家庭教育和社会教育对孩子的影响甚至超过学校教育。如果社会普遍缺失学习之风,又怎指望我们的下一代爱学习?所以,让记笔记成为一种学习习惯,其实也是对全社会提出的学习要求。

33

正确认识孩子的无意识谎言

2014年12月16日　星期二　晴

中午在办公室倾听一位家长诉说中心幼儿园老师变相体罚孩子的事情。说老师不喜欢她的孩子，师德不好。这位家长义愤填膺，情绪非常激动，并且常说的一句话是“孩子是不会说假话的”。虽然家长没有亲眼看见事情的经过，但是最终选择相信孩子，因为“孩子是不会说假话的”。

我劝这位家长消消气，请她一起参与调查事情真相，等事情了解清楚以后，再来处理。我随即召集有关人员开会，组成分管副校长牵头、幼儿园园长和值班老师以及这位家长参加的调查小组。经过调查，很快得出事情的真相：昨天下午，孩子的老师讲了一则“改掉坏习惯”的故事，故事的主要内容是教育小朋友改掉“吃手”的坏习惯。恰巧，她的孩子有这个习惯，于是回家就向妈妈告状，说老师批评她，不喜欢她，于是家长投诉老师。

这个问题引起了我的反思。

这是孩子在发展阶段可能出现的现象，不能认为孩子在说谎，这属于“无意识谎言”。暂且把被投诉的老师定为“问题”老师，幼儿不愿意亲近“问题”老师主要有三个方面原因：一是幼儿认为“问题”老师大都形象不好看。小朋友的审美视角是动态的、积极的，而且对鲜艳的色彩比较敏感。思维是具体的，有朝气和活力的东西更能引起孩子们的兴趣，所以那些长相好看打扮漂亮的年轻老师更加吸引孩子的眼球。二是老师讲话的神态、语气不够温柔。如果老师态度很不友善，幼儿会从心理排斥老师，不愿意跟老师说话。孩子的眼睛也很单纯，如果看到老师对自己好，态度和蔼，富有爱心，主动接近自己、关心自己，有什么心事都会跟老师说。三是老师的动作太急、太快。幼儿家长的动作都很温柔，如果老师的动作太急、太快，孩子感到"问题"老师的粗暴后，会认为老师对自己反感或者不喜欢自己。

幼儿期的孩子由于年龄的关系，表达事情的精确性较差。我们成人由于有一定的知识经验作基础，所以对事物的属性能抓得比较准，能够客观地反映事物。而幼儿感受器官的发展还不协调，更不完善，又缺乏生活经验，对事物的反映容易片面失真。这是幼儿缺乏概括能力、表达能力以及必要的知识经验的缘故。学龄前儿童无法分清想象与现实，常常会把想象的事物当作现实的事物。在他们丰富的想象力和表达能力发展的过程中，他们往往会即兴、随意地把自己听到的故事、看到的事物经过想象加工套用到现实的人或事上去，出现没有逻辑、不真实的"谎言"。

"孩子是不会说假话的"是我们经常听到的话，作为教育工作者和家长，应该在注意加强自身修养的同时，加大对幼儿的引导与沟通的力度，用专业理论分析解决孩子在成长阶段出现的问题。

34

惩罚要适当

2015 年 1 月 8 日　星期四　晴

中午自习课时间，我在校园里走走。校园很安静，有的班级学生自觉学习，有的班级学生正在午休，看到这些我很欣慰。走着走着，突然看到初中部的一个女生在教室门外站着。这种情况有过好几次了，我的心情一下子低落了许多。实在忍不住，没有问原因就直接请她进入教室坐着学习。接着我从教室喊出惩罚她的这位教师到我办公室来谈话。

听这位教师讲该生如何调皮，作业经常不做，成绩比较差。我知道这位教师并没有认识到自己在教育学生时存在的问题。他讲过之后，我毫不客气地发表了自己的看法。

当学生犯了错误时，教师的教育行为应当在学生的心理承受范围之内。动辄当着全班同学的面批评指责学生，或擅自停学生的课，或当堂将学生赶出教室，或经常把学生家长叫到学校，虽然可以消解教师恨铁不成钢之气，但却可能会引发教师自己都预想不到的后果。在教育的过程中，学生的角色首先应该是具有独立人格的人，需要最起码的做人的尊严。人活一张脸，树活一张皮。人的尊严一旦受到了伤害，就会产生悲伤、愤怒等情绪，精神上也会产生巨大痛苦，导致心理承受能力较弱的学生可能会留下严重的心理阴影，个性强的学生还可能会出现辍学、自残等过激行为。

现在的学生大多是独生子女，在家娇生惯养，是父母的掌上明珠。长期的溺爱使一些学生养成以自我为中心的思维习惯，形成自私、任性的不良个性。这些因素给学校教育带来了很大的挑战。在教育学生时，教师要全面考虑这些因素，要全面了解学生的个性和家庭生活环境。针对不同的学生采取不同的教育方法，尊重他们的意愿和情绪，倾听他们的意见和要求。动之以情，晓之以理，在学生心灵深处播撒希望的种子，让学生真真切切地感受到教师发自内心的真诚关爱。只有让学生的心灵受到震撼，激发学生生命的巨大潜力，才能收到理想的教育效果。当众表扬，私下批评，是实践证明行之有效的教育方式。

任何教育启蒙之初肯定要靠教师，但是最终想要获得成功必须顺应学生的天性。背离学生天性，和教育规律对着干，最终注定会失败。

35

学生为什么不感动

2015年3月19日　星期四　阴转阵雨

下午第一节随堂听六(2)班“品德与社会”课,有一个环节是学生观看纪录片:三十年间,中国“核潜艇之父”黄旭华的亲人都不知道他究竟是干什么工作的。屏幕上,当九十三岁的老母亲见到三十多年未曾谋面的儿子时,对黄旭华的兄弟姐妹说:“三哥的事情,你们要见谅。”此时,教师的眼泪差点掉下来。

“同学们,你们感动吗?”教师擦擦眼睛,情不自禁地问。

没想到,很多学生摇摇头。

“为什么?”教师吃惊极了。

“我觉得这离我们太远了,虽然说不感动好像不太像话,可我还是想说真话。”一个男生诚实勇敢地回答。

学生为什么不感动?这可能是“品德与社会”课上教师们最头疼的事情。一份在自己看来近乎完美的教案,故事导入、启发引导、总结升华,可学生们就是不买账。有时候,即使学生能把正确答案写在考卷上,教师心里也“不托底”,因为不少学生即使“入了脑”,也未必“入了心”。

学生为什么不感动?有很多原因。比如,十一二岁的学生很难理解三十多年不见面意味着什么。作为独生子女,也很难理解兄弟姐妹间到底是怎样一种亲情。所以，在这堂课的选材上，教师恐怕就有些不足。

说到底，感动是道德实践内化于心的过程。很多学生一出生就被近乎“泛滥”的爱包围，父母、学校、社会无论对他多么好，他都很难被打动，因为他觉得这一切都是理所当然的。所以，“品德与社会”课仅靠说教是不够的，要更多地在道德实践上做文章，在内化于心上下功夫。

36

不要对学生有太多的限制

2015年4月20日　星期一　多云转晴

我喜欢保存旧杂志。晚上睡觉前，翻阅《江苏教育研究》2005年第11期，再次拜读江苏省邗江中学王恒富老师写的《从一个钟表匠的断言所想到的》一文，又有了新的感受。

文章说，金字塔的建造者，不是奴隶，应该是一批快乐的自由人！第一个做出这种判断的是瑞士钟表匠塔·布克，1556年，他在游览埃及金字塔时，便做出了这种断言。

布克原是法国的一名天主教徒。1536年，因反对罗马教廷的教规，被捕入狱。由于他是一位钟表大师，入狱后就被安排做钟表。在那个失去自由的地方，他发现无论狱方采取什么高压手段，都不能使其制作出日误差低于十分之一秒的钟表。可是，入狱前的情形却不是这样，那时他们在自己的作坊里，都能使自己制作的钟表的日误差低于百分之一秒。为什么会出现这样的情况？是制作钟表时的心情变了。对金字塔的建设者，他之所以能得出自由人的结论，就是基于他对钟表制作的那种认识。金字塔这么大的工程，建筑得那么精细，各个环节都衔接得天衣无缝，建造者定是一批怀有虔诚之心的自由人。如果是一群有懈怠和对抗思想的人，不可能使金字塔的巨石之间连一根刀片都插不进去。

布克的结论是：在过分指导和过严监管的地方，别指望有奇迹发生。因为人的能力，唯有在身心自由的情况下，才能发挥出最佳水平。

王恒富老师指出：在课堂上，那些急功近利、重智轻德、违背教学规律、无视学生发展的现象依然存在。要从根本上改变这种现状，就必须真正建立平等、民主、人性的新型课堂。

学生需要一定的纪律约束，约束是自由的基本条件，但过分强调纪律，必然会削弱学生生动的个性和活泼的天性，必然会束缚学生的思维空间和想象力。

不要对学生有太多的限制，要让学生意识到自己是学习的主人。课堂上，教师应当鼓励学生积极提问，允许插嘴。当然，为了保证教学活动有效进行，课堂确实需要纪律，课堂讨论也要有秩序、有规则，一个吵吵嚷嚷、秩序混乱的课堂，很难保证教学目标的完成。

只要学生在思考和体验，必然伴有情绪的变化和丰富的语言动作，甚至会不由自主地站起来跳跃，如果教师把这看作妨碍教学，以纪律为名去强行抑制，学生的思维和情感就会受到压抑。

许多教师都有这样的体会，在自由轻松的环境里，学生的学习会很愉快，学习的效率也会很高。相反，如果教师过于严苛，学生的心情受到压抑，课堂纪律再好，学习效率也不会高。

37

略说群文阅读汇报课

2015 年 11 月 6 日　星期五　小雨

今天，随语文教研组听了七(3)班“语文主题学习”丛书之《人类的伙伴》群文阅读汇报课。这节课以“依托主题，群文阅读”策略为指导，以“我会连—我会读—我会记”为教学主线，通过检测学生阅读情况，引导学生品悟优美语句，学习描写方法，积淀情感，积累知识。同时实现学习方式的自由开放，充分发挥学生的主观能动性。

教师出示打乱顺序的作品题目、主要内容，让学生读一读并连线。此环节旨在检测学生对《人类的伙伴》一书的阅读情况，推动学生自主阅读。

由学生来当小主持人，各小组自选内容，自选形式，让学生将文章中印象深刻的语句以及阅读文章后的感受体会，用自己喜欢的方式展示出来，教师小结。这样的读书交流会能够更好地促进学生之间的交流和学习，能够帮助学生通过朗读和感悟提高表达能力，进而体会阅读的快乐和幸福。

教师展示学生书海采集卡上摘记的好词佳句，请学生说说其中的描写方法，再找找运用了这些描写方法的其他语句。如：动作描写——母麻雀又啁啁地叫，接着五只小麻雀一拥而上，各自跳到不同的芒草叶上，一时之间，芒草堆中东倒西歪，小麻雀们没站好，都落在地上。外形描写——瞧，它多美丽，娇巧的小嘴，啄理着绿色的羽毛，鸭子样的扁脚，呈现出春草的鹅黄。

教师接着出示含有动物的四字词语——胆小如鼠、兔死狐悲、兔起鹘落、兔死狗烹、狼心狗肺、狼子野心。学生背诵识记四字词语。本环节让学生在阅读中感受描写动物的方法，积累词汇，从而有所收获。并且，通过拓展学习含有动物名称的四字词语，进一步感悟人类与动物的密切联系。

最后，教师推荐学生阅读沈石溪的《狼王梦》和《最后一头战象》，以读引读，激发学生阅读兴趣，扩大阅读面。

动物与人类生活在同一星球上，和我们一起组成了丰富多彩、美丽和谐的世界。《人类的伙伴》选编的38篇文章，从不同的角度，以不同的方式，描述了在不同的国度、不同的年代发生的人与动物、动物与动物之间的有趣的、感人的故事，读来令人难以忘怀。

38

要围绕核心目标进行教学

2015 年 11 月 19 日　星期四　阴

听中心幼儿园大(4)班刘老师上诗歌欣赏“听雨”一课。过程是这样的。

首先,呈现诗歌《听雨》:沙沙沙,雨点落在树叶上,它在和树叶玩耍呢;叮叮叮,雨点落在屋顶上,它在屋顶上翻跟斗呢;滋滋滋,雨点落在花朵上,它轻轻地钻进花蕊里;嗒嗒嗒,雨点落在窗户上,拍着窗玻璃在和自己打招呼呢。接着,教师朗诵,引导幼儿欣赏和感受诗歌的美,借助图谱,引导幼儿发现本诗歌的结构,以鼓励幼儿表达情感和经验,并仿编诗歌。

本课教学的前一部分很成功,尤其是教师通过图片非常清晰地呈现了诗歌的结构:雨点的声音、雨点落在哪里、雨点在干什么。最后的提问——“雨点还会落在哪里? 它在干什么呢?”也是围绕诗歌的内容及结构进行的。按理,接下来的教学应该是组织幼儿加以仿编,如“嗒嗒嗒,雨点落在池塘里,它在和小鱼做游戏……”然而,幼儿的讨论却偏离了此问题,变成了讨论雨点的作用了:“雨可以给树和小草浇水,保护我们的环境,让空气更清新,帮助我们清洗地面,可以给车洗澡……”说明幼儿没有很好地理解诗歌的内容和所表达的情感,教师也没有及时引导幼儿回到核心目标和正确内容上。这样本来很连贯的教学就显得前后脱节了。

怎么围绕“情感”这个核心目标进行教学呢? 若让幼儿参与到诗歌朗诵

的过程中来，使幼儿在充满感情的朗诵中感受诗歌的美和内心的喜悦，就能够帮助他们实现最为重要的情感目标。

幼儿园教学从以前重视对幼儿知识的灌输转变到对幼儿情感态度的关注，这无疑是一大进步。教师不仅要关注幼儿发展的状况和程度，也要以尽量少的时间、精力和物力投入，取得尽可能大的教学效果。因此，教师必须提高单位时间内的教学质量和效率，不要在没有发展价值的问题上纠缠不休，不要在枝节问题上浪费时间，任凭幼儿偏离重心，而迟迟不切入正题。

39

教育不是花钱越多越好

2016 年 6 月 22 日　星期三　多云

下午在学校报告厅召开六年级学生家长会，中心议题是动员六年级学生小学毕业后留在本校初中部读书。2012 年以来，每年这个时候都要召开这样的会议。按照常规，我讲了讲学校情况和打算，实事求是分析哪些学生应该升入本校继续读初中，还说了关于学生教育的几点建议。散会之后，我与家长们交流。

一位家长说，下学期想让孩子去某某学校读初中，并且说出了开销清单。该清单从名牌书包、文具等学习用品，再到品牌校服、新鞋等各类生活用品，最后到价格不菲的课外培训费用，合计费用超过 3 万元。

一些家长不甘落后，相互攀比谁的孩子以前去的地方多，甚至还比入住的酒店规格。不甘落后的家长千方百计地把孩子送进名校，花多少钱都愿意。

更有家长认为，唯有国外的教育才是最优质的，把孩子送出国才能接受最好的教育。孩子出国上大学，尤其是名牌大学，才是成功的教育。以为出国转几圈，孩子就自然成才。

"天价"开学清单，带孩子旅游住高规格酒店，送孩子出国读书，这些都反映了当前许多家长对教育理解的偏狭。

我对家长们说，其实，教育不是花钱越多越好，也不是看上去越高大上越好。硬件设施固然是重要的教育要素之一，但真正重要的还是教师水平的高低和教育理念的优劣。好的教育从来不是为了追求外在的完美，甚至从来就不是完美的，某种程度上还是有缺憾的。正是这种缺憾和不完美，抑或走过的弯路、遇到的挫折，才凸显了教育的价值，也恰是教育过程与成长路上最有魅力之处。

我心里想，对于教师而言，当初的教育失误看上去是教育生涯的“污点”，实际上却可能是自己职业的转折点，激励自己提升教育教学艺术，朝着教育家的方向发展。

我接着对家长们说，对于学生而言，不完美的教育经历也不见得是丢人的事情，在持续的阅读或社会实践中找到自我价值，生出一种社会责任感和家国情怀，如此经历更值得尊重和赞美。从这一角度看，无论是学校教育还是家庭教育，着力点都不应该放在给孩子的物质投入上，而应该努力引导孩子热爱生活，珍惜生命，具有情怀与担当。假如说教育一定要追求完美，那也是一种精神层面的完美，即一群有理想、有情怀、有知识和仁爱之心的教师，引领着一心向学、乐于奉献的学生，一起去叩问自我，探索新知，了解世界。

比起让孩子拥有华丽的外表，不追求完美的教育更有故事，更有价值，也更耐人寻味。为人师者，抑或为人父母者，与其培养“有天分，斗志昂扬，却又充满焦虑，胆小怕事，对未来一片茫然，极度缺乏目标感”的孩子，真不如让其抛掉看上去完美无缺的履历，循着自己的爱好和内心的声音弄潮一番，想一想自己到底能为社会的进步做些什么。也许，这样不会有完美的物质生活，却一定会收获无悔的人生。就像哈佛大学招办主任马林在接受记者采访时所说的，“我们不需要十全十美、完美无缺的学生，而需要一个有抱负、能够脚踏实地用他们的人生来全力完成一件伟大事情的人。成绩单仅仅是一块敲门砖，你必须在某一领域有独特的见解和热爱，并且能够相对具体地向我们展现出亮点或潜能”。

40

不妨跨学科听听课

2016年9月26日　星期一　阴转多云

由于长期从事数学教学，也听惯了数学课，所以不知不觉就在头脑中形成了一些固定的课堂教学程式。如概念课总是先创设教学情境，师生共同探究概念的演变与形成过程，通过诊断、辨析，深化对概念内涵的理解，在此基础上，进行巩固和应用。在复习课教学中，总是先回顾相关的概念、定理与法则，然后给出典型问题，师生一同分析、探索，总结问题的内在结构与规律，通过问题的变更和思想的提炼，使学生掌握求解问题的一般方法。

这两天参加校内教学视导，跨学科听课，使我深深感受到各学科丰富的思维方法和鲜明的特色，并真切领略到各学科教师不同风格的教学方法。在九(1)班的语文课上，我为宁老师深邃的文化底蕴、诗意的语言和饱含激情的表演所陶醉，她从容、优雅的阐发，在我的内心深处引起无限的遐思和热烈的向往；在许老师的政治课上，我被他流淌的智慧、缜密的思维和富有思辨的语言所启迪；在外语课上，我被陈老师的诙谐、机智与幽默以及外语交流的情趣所感染；在杨主任的历史课上，我仿佛置身于滚滚的历史长河，了解世界文明发展的悠久历程，为祖国灿烂的文化感到骄傲和自豪；在臧老师的地理课上，她引导学生探索地球的结构与运动、矿产资源的分布和气候变化的规律，关注和研究我们赖以生存的这个世界；在物理、化学、生物课上，同学们在老师的引导下观察实验现象，大胆猜想，并通过实验探索规律、验证结论，课堂教学是那样的生动活泼、趣味盎然；在音乐、体育、美术课上，我感受到了同学们蓬勃的青春，绵绵的诗情和动人心魄的美，在老师的组织下，同学们用他们的青春和智慧展现着生命和艺术的魅力。

我感到教学是一种文化。教师在课堂上不只是传授知识与信息，而且是通过思想的渗透和文化的浸润，使学生的性情得到陶冶，精神得到丰富，人格得到升华。文化是相互交融而不可分割的，只有敞开胸怀，兼容并包，才能促进文化的不断丰富与发展。

在听课过程中，我不仅学到了许多教师的教学经验和技能，了解了一些新颖别致的教学模式，还吸纳了先进的教学理念，拓宽了自己的知识面，加深了对教学的理解与认识。这些对自己的数学教学和学校管理工作都很有好处，我们可以借鉴和运用一些学科的教学思想和方法，提高教学和管理的思辨性、人文性、探索性和趣味性，使自己的教学和管理工作变得更宽厚。

学校管理的思索与实践

辑录二

1

这些家长怎么了

2010年12月17日 星期五 晴

下午四点多，我从办公室出来到校园走走，远远望见操场上一个班的学生在上体育课，有序的组织，规范的动作，响亮的口号，让我感动。看到幼儿园与学校交界的护栏外站着四位男子，旁边还有三个孩子。走到附近，我隐隐约约听到他们正在说着一些什么，其中一位大概四十岁，另外三位估计三十岁左右。

他们看到我，几乎停止说话了。

我主动打招呼："你们是来接孩子的吗？"只有那位年龄稍大的家长嘴里叼着香烟回应："是。"另三位家长歪扭着身体手拽着护栏，望望我，没吱声。我又问："孩子在哪个班？对老师或学校有什么意见，请跟我说，我们共同努力办好学校，教育好孩子。"旁边的三个孩子看着我，看看他们的家长眨巴眨巴眼睛又转脸对我说："老师好！"我高兴地说："小朋友好！"这时，家长们都说话了，"没有什么意见"，"还可以"，"我家儿子太不听话，老师应该好好管管"。抽烟的这位家长此时把烟头丢到地上还用一只脚踩了一下，同时往旁边的花坛里吐了一口痰。我说："知道了，谢谢。我们是无烟学校，在孩子面前不能抽烟，烟头也不应该丢在地上，还不应该随地吐痰。再见！"

我离开不远，听到他们嘴里又开始咕哝什么，知道他们在生我的气了。

这些家长怎么了？上午我亲眼看到校门外一名低年级的学生捡起了一条别人遗失的红领巾，被家长呵斥后只好丢在旁边的垃圾筒里。常常听到家长教育孩子：别人打你，你也要打别人，打不过就咬。还有刚才的一幕。这些留给学生的将会是什么？我们的社会给学生营造了怎样复杂的环境？社会是一所大学校，家长是孩子最早的老师，是孩子的一面镜子，在孩子成长中的作用非常大而且不可替代。这些家长的言行不仅不能对孩子的教育起到良好作用，抽烟、不讲卫生、没有礼貌等习惯还会影响孩子的身体健康，给孩子带来负面影响。

家长朋友要自尊、自重、自爱，用自己的实际行动给孩子做表率。教师要多与家长沟通，加强引导，尽量取得家长的理解，使家庭、学校和社会形成教育合力。

2

校园需要校纪校规

2011年3月4日　星期五　多云

今天下午，学校举行了模拟地震应急演练。但是气氛不够严肃，也没有严格按照步骤进行，效果不好，演练结束时竟然有两名学生乱扔纸屑，这种情况之前很少发生。这让我对校纪校规做了重新思考。

说起校纪校规，首先想到的是学生。是的，学生要养成良好的行为习惯，就必须受到校纪校规的约束。这不是“死板”，这是“人格”，没有规矩，哪来方圆？当开始模拟地震应急演练的信号响起，学生们演练行进的线路，上下楼的方向，不准乱扔纸屑……只有每名学生都按学校的要求做了，才能保证模拟地震应急演练的效果。我们敬畏每一个稚嫩的生命，但我们更应该为他们“正身”，否则他们就可能长“歪”了。

在准备模拟地震应急演练的过程中，我查阅了一些资料，经常会被其他国家严格的规矩意识所打动：无论是德国人电话亭前的“死板”，还是美国人乘校车时的秩序；无论是澳大利亚的那一条“毫无约束力的行车白线”，还是日本人在红灯前等候的场景……都是小事，却让我震撼。小小的规矩与其说是束缚了他们的行为，不如说让他们获得了更大的自由——等候的风度、文明的行为、优雅的气质、有序的行进，是一道风景，更是一种魅力。

“没有比规矩更公平的了。”虽然我找寻的这些资料并没有在模拟地震应急演练前的动员会上一一展示，但它们已经深入了我的内心，也转化为我的一种认识——好的校园规矩可以规范学生的行为，而学生好的行为可以成就一道美丽的校园风景。当学生们都有强烈的规矩意识的时候，其实就是他们获得最大自由的时候。

还得说说那些针对教师的管理细则。教育学上有个“漏斗原理”，意思是说，对于学生的教育，应该相对严格一些，随着年龄的增长，更多要靠自觉，因为年龄大了，有了自己的主张，教师的话不容易听进去，而且一些不好的习惯已经养成，纠正起来要花更多的精力，需要更多的技巧。这个原理意在提醒我们要重视启蒙教育，从一开始就要定好规矩。但是，对于教师来说，仅仅要求学生守规矩是不够的。教师是人类灵魂的工程师，教师需要言传身教，教师的榜样作用有时胜过无数次的说教，守规矩是对教师的基本要求。越是集体活动，越要克服“差不多就行了”的惰性，比如信号响起，按步骤认真组织学生进行模拟地震演练，就是给学生“要遵守学校规章制度”“要珍惜时间”“专时专用”的教育。这是无声的，有时是无意识的，但时间长了，学生们也会跟教师一样养成严谨的作风。比如上课的按时与下课的及时，开会的准时、认真，看起来是小事，却能体现出对规矩的敬畏。再比如学校的值班制度，不出事情，值班是小事，万一出了什么事情，在没在岗、值班认真不认真，都将是责无旁贷的大事。从某种意义上讲，值班是关乎师生生命安全的大事，值班制度这样的规矩怎么能不敬畏？

大节不可失，小节不可纵。教师不仅要带头讲规矩，更要发挥制度效力，把规矩意识融入学校管理的实践。消除制度执行的死角和断层，使各项工作都置于规矩的约束之下，才能使教师心有所畏，言有所戒，行有所止，焕发正气与活力。

“世间事，作于细，成于严。”敬畏规矩会让我们的行为更加符合人的本真。认真对待模拟地震应急演练不是傻，是对生命的敬畏。不乱扔纸屑不是笨，是对自己精神家园的敬畏。认真遵守各项规章制度不是“死”，是对职业内在尊严的一种敬畏……当我们想过更自由、更文明、更有序的生活，当我们想拥有更快乐、更健康的心境，那就从细节做起，按规矩行事，让规矩看守自己的心灵。

3

反思学校德育工作

2011年3月9日　星期三　多云

晚饭后随手翻阅《班主任》杂志，其中一篇文章说有调查显示：52%的学生怕影响学习，不关心班级事务；60%的学生饭后不帮父母收拾碗筷或洗碗；52.4%的学生认为花父母的钱是应该的；35.5%的学生不认同“天下兴亡，匹夫有责”的说法。

结合学校常规管理，我深有感触，学生道德感弱化的问题普遍存在。学校德育工作效果究竟如何，该好好反思。

今年3月5日是毛泽东“向雷锋同志学习”题词发表四十八周年纪念日，也是中国青年志愿者服务日。这几天，我随机问了一些学生雷锋是谁，他们的答案五花八门。有的说雷锋是工作认真的小学教师，有的说雷锋是不怕牺牲的红军战士，还有的说雷锋是勤劳善良的售货员……很多学生不知道3月5日就是“学雷锋纪念日”，一些学生甚至不假思索地说：“可能是植树节吧！”“是环保日！”……

为什么会出现如此尴尬的情景？我们可以找到一些客观原因，却很少从自己——学校德育工作本身找原因。

我们忽视了多年来存在的一个现象：因为德育不考试，也不影响升学，所以学校“抓德育”，也是例行公事，应付了事。现在很少有教师对学生进行“雷锋事迹”宣讲教育，因为一般教师会觉得，这对学生的学习没有实际用处。今年 3 月 5 日恰逢星期六，学校没有组织活动。以往就是组织活动，也是流于形式，象征性地“学雷锋”——集中听一些雷锋精神讲座，到敬老院为孤寡老人做好事，上街摆便民服务摊，等等。学生对雷锋的精神并没有掌握领会，只是认为捡捡纸、扫扫地、帮别人干干活就是学雷锋。很显然，当前学校重“学雷锋”活动的形式要远远大于内容。

我们不得不承认这样一个事实：学校的德育工作几十年几乎不变。连我们自己都感动不了，怎么能感动学生？德育方式简单粗暴，连我们自己都不喜欢，学生怎么能喜欢？比如，学校将做好事件数与对班级的考核量化直接挂钩，这种评价机制犹如德育的指挥棒，直接影响着教育者德育观的确立和学生人生观、价值观的确立，直接导致学生“学雷锋”带有很大的功利性。有些学生不是为了学雷锋做好事，而是为了“加分”做好事，因为这能得到老师的表扬。更有甚者，同一个班级的两名学生，一名学生拿着另一名学生的物品上交，等给班级加了分之后，另一名学生再去领回来。再比如，早操过后，大喇叭一声响，学生们被迫原地不动，校领导开始国旗下讲话了。非常冷的冬天，这一讲就是十多分钟，历数一些班级极少数学生的“错误”，声音刺耳。学生们瑟缩着站着，教师们三五成群地围在一起聊天，一声“解散”，如蒙大赦。这样的“德育”能有什么效果？

雷锋精神绵延不断的核心内涵，包括艰苦朴素、勤俭节约、爱岗敬业、集体主义、公而忘私、甘于奉献和全心全意为人民服务等。这些元素超越了时代环境和空间范围，具有历史存在的持久性和精神体验的广泛性。学校德育的实效性缺失，学校管理者应该反思，全体教师也应该反思。

学校德育工作，必须从每位教育工作者做起，真正关注学生的心理需要和情感体验，才能让学生获得鲜明的辨别力，知道什么是美，什么是善，最终成为和谐发展的人。

4

成功的家长会

2011年11月21日　星期一　多云

按照工作安排，全校利用下午第一节课时间，以班级为单位召开学生家长会。根据经验，为了使这次家长会取得较好效果，教导处和少先队共同研究了方案，提出了意见，全体教师尤其是班主任做了很多准备。家长会过程中，学校还安排部分骨干教师参与其中，帮助组织，了解情况。

放学后留下部分骨干教师总结分析这次家长会情况。大家一致认为，这次家长会开得比较成功，达到了互相了解、合作共赢的目的。

峰山乡地处泗洪县西南岗地区，离县城35公里，经济比较落后。由于留守儿童较多，学生家庭情况复杂，监护人文化素质普遍不高，召开家长会常常遇到很多困难。这几年，学校坚持每学期召开两次学生家长会，家长参会率从几年前的46%，提高到了今天的87%。家长从曾经的满嘴酒气和烟味到今天的仪表比较端庄，近900名家长进出校园没有喧嚣，没有人抽烟，没有人随地吐痰。家长会一次比一次成功，家长们一次比一次理解教师、信任学校，学校教育质量稳步提升，这些改变的达成关键在于学校始终把想家长之所想、解家长之所急、成教师之所愿作为家长会的不变诉求。

每位家长最关心的是他们的孩子，班主任和学科教师向家长介绍学生在校表现时，都尽量做到详细全面，尽可能抓住学生在课堂或课外活动中的细节，让家长感觉到他们的孩子在教师心里很重要，把孩子交给这样的教师放心。班主任还通过一个个鲜活而具有说服力的家教案例来引导家长，启发家长深思，指导家长改变家庭教育观念，趋同家长和教师的教育目标。这次家长会，有的班级师生共同动手布置教室，迎接家长的到来；有的班级学生表演了诗朗诵《爸爸妈妈，我想你》，孩子们稚嫩、热情的诵读让家长感到温馨和满足；还有的班级邀请优秀学生家长做经验介绍，更能激起共鸣。

教师和家长只有多交流、真诚相待，家庭教育和学校教育才能形成合力。

5

和家长谈孩子的教育问题

2012年4月24日　星期二　小雨

下午召开部分学生家长会，我和到会的家长在学校报告厅讨论孩子的教育问题。

我说，各位家长能冒着小雨按时赶到学校，这就说明各位对孩子教育的重视，对学校工作的支持。在此，我感谢各位！就在会前，有位家长对我说："校长，孩子就交给你了，麻烦你多费心。"

以往，也有很多家长对教师说过这样的话，这是信任，让我们非常感动。但今天我不得不告诉各位，这种想法是不合适的。并不是我们当教师的想推卸什么责任，而是因为在孩子的教育问题上，家长与学校是密切联系而又不能互相替代的两个方面，教育是我们学校与家长必须共同担负的责任。我们必须有统一的方向，形成合力，才能使我们的教育更加合理而有效。教师无论多么有水平，多么尽心，在很多方面是无法替代家长的。比如在孩子的习惯培养方面，无论是学习习惯，还是生活习惯，家长的作用要比教师大得多。

我送给各位家长三点建议，欢迎大家讨论。

第一点建议：形象。美国著名励志作家奥格·曼狄诺说过这样一句话：孩子的一切特点，都可以在家长身上找到影子。这充分说明家长对孩子的作用是多么巨大和不可替代。如果我们想做把孩子培养成才的家长，那首先，自己就要树立一个好的形象。这个形象不是指你外表多么光鲜亮丽、威猛高大，而是指态度应该积极上进。无论你从事什么职业，在孩子面前都要有一个追求进步、拼搏进取的向上的形象。一个精神颓废的家长怎么可以指望孩子精神焕发、积极进取？那种“我这一辈子没有什么希望了，就靠你给我实现我的理想”的想法是错误的。那些手里打着麻将催孩子学习的家长，眼睛盯着电视催孩子学习的家长，一边唉声叹气一边逼孩子学习的家长，都应该检讨一下自己的行为。这就像嘴里叼着烟卷却在大街上宣传禁烟一样无效。你的积极进取形象，映射到孩子眼里，比你给他讲多少学习重要的道理要有效得多。我们可以不同孩子一起读书、一起学习，搞这种“形象工程”，也不实际。但你要在你的本职工作上，力争进步。你自己都不认真努力地对待工作，又怎么能指望孩子去热爱学习呢？

第二点建议：宽松。我们要给孩子一个宽松的环境。我们必须认可孩子的不完美，宽容他的不足，也包括原谅孩子的错误。家长都希望自己的孩子能变得完美，其实这是不可能的。千万不要拿电视里某某“神童”跟自己的孩子比，有的家长要求孩子考试进入前几名，否则就不给好脸色看。这没必要。只要孩子努力了，不管他取得什么样的成绩你都应该欣然接受。给孩子的目标要现实而且有弹性，过高过死板的要求反而会误了孩子。给孩子相对宽松的要求，给孩子相对宽松的空间。在宽松的环境里长大，孩子才能学会宽容，才不会陷于焦虑。但是，宽容不是无原则地纵容孩子爱怎么样就怎么样。

第三点建议：权威。在孩子面前，父母要有权威。权威来自形象，一个身体力行、以身作则的形象；权威来自宽容，一个不对孩子提出过高要求的宽容环境；权威也来自一条坚硬的、毫不妥协的底线，没有底线的宽容，就是纵容溺爱了。我们可以原谅孩子犯错误，但不能允许他故意捣乱；可以允许孩子失败，但不能认可他无所事事……必须让孩子明确知道做人的底线是什么。比如为人要诚实，比如作业不要抄袭，比如不许偷人家的东西，等等。孩子一旦越线怎么办？惩罚，这是很有必要的。惩罚的底线必须是清晰的，不能因为今天我心情好，就什么都可以原谅；今天遇到点烦心事，就抓住一点小错误，扩大化或揪住不放。无论你心情好还是不好，触犯底线，必须惩罚。但是有几点要注意：一是惩罚绝对不能在情绪不好的时候实施，那时候容易出问题，那时候的行为是发泄，而不是惩罚。二是惩罚不能扩大化，比如某次写日记抄袭你发现了，这应该惩罚，但是，你不能在训斥的时候，连前一次的放学不按时回家，再前一次的从家里偷偷拿东西等等，一股脑想起来，一次算总账，这是不行的。如果这样，会让孩子觉得自己简直没有改好的希望，因为已经犯过那么多次错误了。如果要提，提一下相同的错误是可以的。要让孩子知道，惩罚是为了什么。三是惩罚要对事不对人，告诉他这件事你做错了，必须接受惩罚，但是你不要否定他的人，比如说你这人太让我失望了，你没有指望了，你完了，等等。在惩罚的时候要给孩子指明出路，只要及时改正错误，依然是个好孩子。

每个家庭的情况不同，孩子的情况也不同，所以教育方法是不一样的。但是，对孩子的教育，是一件大事，各位必须放在心上。所以，诸如“孩子就交给你了”之类的托请，恕我们不能接受。当然，我们欢迎各位家长随时与学校交流，比如前面谈到的“底线”在哪里，我们希望能与各位多探讨、多沟通，为孩子的健康成长共同努力。

有些话说得重了，希望家长朋友们能够理解。

6

透过课表看教育

2012年5月10日　星期四　阴转多云

午间自习在初中部看到一个班级的课程表，除了开设语文、数学、英语、物理、化学等课程外，并没有开设音乐、体育、美术课程。我惊叹：连体育课都免了，真是一张“实用”的课程表，难怪有些班级有时不参加大课间活动。再到另一个班级看看课程表，这张课程表上不但有音乐、体育、美术等课程，还有信息技术、通用技术、课外实践课，但问学生才知道，其实这张课程表只是虚有其“表”，音乐、体育、美术课都是语文、数学、英语老师来上的。原来，这个班有两张课程表，一张是应付“上面”检查的课程表，另一张是实际上课用的课程表。

最“实用”的课程表和应付检查的课程表，反映了我们当前的教学管理不到位、评价体系不健全、教育日益浮躁和趋向功利化，教学中“不考不教”现象极为严重。

为什么不开设音乐、体育、美术这些课程呢？其实原因就一条，这些课程不统考。既然不统考，即使教师教得再好，学生学得再好，都无法在升学考试中反映出来，对教师的声誉和学生的升学都没有任何作用。为了教师的声誉，似乎也是为了学生的“前途”，所有不统考的学科都得“下课”。

在中小学所开的各门课程中，如果把语文、数学、英语比作每餐中的肉，

那么音乐、体育、美术就是每餐中的青菜，一个人只吃肉不吃青菜，身体受得了吗？不开足开齐课程，对学生的身心发展危害极大。

听说某著名高校单独招生面试时，考官要求一位考生唱一首歌，结果被告知“一首不会”。考官随即让考生做一段广播体操，试图看看他的肢体协调性，让人意想不到的是，考生窘迫地说：“已经忘记了，学校已经半年多不做广播体操了。”由于音乐、体育、美术等课程的缺位，不少学生的综合素质培养受到了影响。音乐、体育、美术等课程被“遗弃”，不仅关系到课程实施的严肃性，更关系到学生综合素质的养成。长此以往，学生还能不能有良好的体质，还懂不懂艺术欣赏？

科学实验还证明，学生在聆听优美音乐时，记忆力可以提高 2—3 倍，学生在画画时，空间想象力可以得到高度训练。开设如研究性学习、通用技术、课外实践课，能够培养学生的创新能力，对学生的未来发展有积极作用。

教师需要有创新精神，要敢于走出围绕考试科目教学的怪圈，这样，学生将来才能真正成为学习的主人、工作的能手、生活的强者，才可能成为开拓创新型人才。作为校长，更要放眼大局，素质教育的全面实施关键在于建立有效的评价体系，应该尽快出台符合素质教育内涵的、与素质教育配套的、行之有效的绩效考核评价标准，促进学生的全面健康发展。

7

最好的领导什么样

2012 年 11 月 15 日　星期四　多云

晚上临睡前，翻看《道德经》第十七章，乐了。“太上，下知有之。其次，亲而誉之。其次，畏之。其次，侮之。”

这是对领导的评价和划分。最好的领导什么样？是你不过知道有这么一个领导存在，他懂得道法自然，工作条理顺畅，不用天天开会也能做到一切井然有序。还有一个版本更极致，叫“太上，不知有之”，最好的领导是下属感觉不到存在的领导。想想也是，感觉不到存在，一切都井然有序，这是多么高明的领导艺术啊。排在第二位的领导是被人赞扬的领导，排在第三位的领导是被人畏惧的领导，最差的领导是被人天天放在嘴上骂的领导。

这种划分耐人寻味。记得“文革”后期，即使我的父亲所在的村级小学，教学秩序也基本恢复了。我父亲在这所村小当校长，说了这么一句话：“其实我们学校现在挺好的，哪怕我不在，只要打铃的人在，就可以正常运转。”这句话又让他挨了一通批斗，说他不讲党的原则，缺乏组织纪律性。

很多年后，家里亲人相聚，还总是提起我父亲这句话，既心疼我父亲的遭遇，又认可那其实是一种挺理想的境界。一所学校，如果只靠铃声，就可以各司其职，说明校长领导有方，用不着天天训话、表决心、摁手印，但方方面面都很好。

我也发明了一个“钟氏理论”，经常在教师会议上讲：任何一个单位，只要到了开始强调考勤、打卡等纪律的时候，一定是开始走下坡路的时候。因为一个走上坡路的单位，人人不待扬鞭自奋蹄。或许员工十点才来上班，并没有赶在八点打卡，却自觉干到第二天凌晨三点，不需要监督和催促。

期待我们的学校能取消考勤制度，没有纪律方面的要求，但大家却能够自觉做好工作。这需要全体教职工共同努力。

当然，这四句话不仅仅是评价领导或官员，也揭示了生活中的某种秩序和境界。

8

对学生罚款是滥用教育权

2013年1月23日　星期三　多云

学校正在进行期末考试，各项工作都在紧张有序地进行。

中午巡视校园，跟学生聊天，才知道部分班级近期有规定："上课答错题罚款5元；在教室里留存生活、学习垃圾罚款3元……"让好多学生直呼"像抢钱"。期末复习抓成绩，这种以罚代教的方式明显不对。我感到惭愧，是我工作失职，我有很大责任，下午立即组织人员调查处理。

家有家法，校有校规。学生违反校规当然不对，理应受到惩罚，但教师对学生罚款显然是一种错误行为。这是因为，罚款是行政处罚的一种，只有国家特定的行政机关才有行政处罚权，教师对学生予以罚款没有任何法律依据。

显然，教师本人或班级没有对学生罚款的权力。如果是教师制定的"游戏规则"，对学生以罚代教，则反映出教师法律意识的不足。之所以存在此种现象，是因为教师在学生面前不怒而威，加之"师命难违"的传统观念，学生对教师不敢有违抗心理。

无论从哪个角度看，教师对学生罚款的做法，都与依法治校的理念格格不入。学校作为教书育人的地方，在守法方面应当为学生做好表率。而知法违法现象的存在，将给他们带来一定的负面影响。从教育层面看，教师把本该自己认真完成的教育过程诉诸"罚款"方式，是偷懒行为，必须给予及时纠正，还教育一片纯净的蓝天。

9

绩效分配不应该分主副科

2013 年 3 月 11 日　星期一　多云

下午与一位教计算机的老师聊天，谈到绩效工资，他大倒苦水。原来，自从中小学实行绩效工资后，他的绩效工资收入比语文、数学、外语等学科教师少了一半还多。我也曾为此做过调查，这种现象在副科教师身上不同程度地存在，是不争的事实。

按道理说，国家课程设置本没有“主科”和“副科”之分，所有课程的地位是平等的，都是提高学生素质的重要组成部分。之所以有主科、副科之分，完全是学校人为划定的结果。分主科、副科的依据是什么？需要参加升学考试的就是主科；反之，不参加升学考试的科目，便是副科，如音乐、体育、美术、信息技术等。

因为不是升学考试科目，不参与升学计分，不能显示学校办学成绩，于是，副科和副科教师在学校也就没有多少地位，绝大部分人还认为这是理所当然的。最直接的体现是绩效工资，主科教师收入高，副科教师收入低。主科教师课时奖、早晚自习费、考试奖都比副科教师高很多，因为打着多劳多得的旗号，看似很公平。

由于不是考试科目，学校对副科教师要求自然不高。再加上副科教师不用批改作业，不用辅导，不用考试，许多副科教师课上得比较随便，甚至不备课，或者干脆把课让给主科教师上，的确没有主科教师付出得多。这样看来，绩效工资拿得少，倒也没有什么不公平。

但是，绩效工资看科目“下菜”的分配方案，完全违背了国家推行绩效工资的初衷，完全是学校自作主张的选择。其实，并不是副科教师不想上好课，而是学校根本不重视副科教学，从而导致副科教师绩效收入低。实际上，副科教师要想上好一节课，所付出的劳动一点儿也不比主科教师少，无论是专业要求还是组织教学，一样要认认真真做。

最近，国家正在大力推进美育，如目前火热开展的书法、戏剧、足球等进校园活动，正是所谓副科应该承担的任务。在这个大背景下，如果学校不重视副科教学，必将导致副科教师工作积极性大大降低，办学水平自然离素质教育要求越来越远。

要想从源头上消除人为的主科、副科之分，必须召开教职工代表大会修改学校工作纲要，同时出台绩效工资分配意见，把副科教师的收入提上去，在绩效工资分配上同工同酬。同时，加强副科教学管理，凡是在副科教学上不够认真负责的教师，要给予相应的处罚，力争从根本上破除主科、副科之分，将素质教育真正落实到位。

10

在学校门口买饭吃不是简单事

2013年3月27日　星期三　晴

学校门口摆摊设点现象屡禁不止，其中卖小吃的情况愈演愈烈。上午在校内随机发放了300份调查问卷，统计结果显示，学生对于校门口小吃摊的态度与学校管理者的态度不同。83%的学生支持学校门口摆小吃摊点。学生选择在学校门口买东西吃的原因主要有：45%的学生认为方便快捷，36%的学生认为学校门口小吃品种多、口味好，24%的学生因为学习时间紧张没空回家吃饭。学生每周在学校门口买饭吃的次数：61%的学生为3次左右，23%的学生为4—6次，个别学生8次左右。在食品卫生方面，学生只关注食品的外包装是否卫生，对于食品原料来源、加工条件、经营者是否证照齐全等却了解甚少。

我对学校门口的食品摊点忧心忡忡，担心这些摊点影响学生良好习惯的养成。此外，这些摊点还存在食品卫生以及交通安全等隐患。对此，作为学校管理者，我必须要加以重视。

为了减少学校门口摆摊设点的现象，特别是有效处理小吃摊点的问题，学校打算采取“疏”“导”“控”三个手段进行管理。一是提高学校食堂饭菜质量，使不能回家吃饭的学生尽量在学校食堂就餐。二是进一步加强宣传教育，利用校园广播、主题班会、家长会等活动形式，宣传食品卫生和交通安全知识，引导学生健康饮食。三是加强校园管理，联合政府相关部门检查校门外摊点摆放位置、原料来源渠道，依法进行有效监管，依照相关法规，请相关执法部门对符合条件的摊点予以备案，取缔不符合条件的摊点。

11

要多关心班主任

2013年5月14日　星期二　晴

上午学校对小学部、初中部137位教师进行了一次调查，中午统计，结果显示，有74.6%的教师选择："如果有机会选择，不愿意当班主任。"

每学年开学前，谁来当班主任，已经成为棘手问题。如果让教师自己选，主动想当班主任的教师比例着实不高，很多教师都不愿意接这个"烫手山芋"。有些教师是因为评职称必须要有班主任经历，不得不当班主任，绝大多数情况下班主任是学校任命的。每次遇到这样的情况，我必须"晓之以理、动之以情"，不得已还得摆出领导的权威来"软硬兼施"迫使就范。尽管教育主管部门早已出台班主任岗位跟教师绩效工资与职称晋升以及考核挂钩的政策，学校工作纲要也规定了各种待遇向班主任倾斜，但是，仍有超过七成教师不愿意当班主任，真是"班主任荒"来了。

其实，班主任工作的重要性无论怎么强调都不为过，班主任工作的辛劳程度无论怎么描述都不算夸张。下午进一步找教师座谈，很多教师不想当班主任的主要原因是事情杂、责任重、压力大，付出同收获没有成正比。学校大部分班主任由语文、数学、英语学科教师兼任，除了日常的备课、上课和批改作业，管好自己的"一亩三分地"外，还要负责每天班级的出勤、课间操、纪律、卫生、各种比赛等。每次举办活动，都会有一大堆工作等着班主任完成。要与学生家长沟通，要回答家长的电话咨询，还要在与家长联系的QQ群、微信群里，解答家长的疑问……大事小事都操碎了心，“两眼一睁忙到黑”实在是尽职尽责的班主任的真实写照。

对此我完全理解，班主任对学风、班风乃至校风建设起着举足轻重的作用，需要学校更多地关心班主任。根据上级文件结合学校实际情况，应该给班主任更多实惠，同时，最大限度地减少流于形式的各项活动，减轻班主任的负担。作为班主任，自己也要从日常烦琐的班务管理中解脱出来，努力实行班级的民主管理，放手让学生自治，这样既培养和发挥了学生的自主能力，又能恰当地调适自己以确保良好的身心状态。

重建教师积极争当班主任的机制和氛围任重而道远。

12

村小的明天在哪里

2014年3月4日　星期二　多云

朱湖镇目前有八所村级小学(简称“村小”),今天我又扎扎实实地把这八所村小察看了一遍。几乎每学期我都会这样察看一遍,但这次感受大不一样。

家长认为,村小条件差,孩子受罪,负担再重也要把孩子送到镇实验学校上学。农民许长生的家在鱼行村,家里有7亩地,一年收入1万多元,除了种地,还得靠打工补贴家用。眼下,孩子已上小学三年级,每天坐半个小时镇村公交车到16公里外的镇实验学校上学,许长生感觉轻松不少。他说:“村小虽然离家不远,可是条件差,学生少,孩子一个人上下学不放心,当家长的得接送。”有了镇村公交车,不用接送,妻子一个人就能照料孩子,许长生能专心出去打工了。但孩子的花销也开始加大。许长生说:“一年镇村公交车费1 600块钱,中饭在学校吃,每天得花5块钱,一年加起来得花2 600块钱。”许长生家的收入在村里算中等,如今生活条件好了,村里家家户户都尽可能让孩子接受更好的教育。“村里条件更好的人家,从一年级开始就把孩子送到县城的寄宿制学校,全封闭的,一年1万来块钱。”许长生告诉我。尽管家里负担大点,但许长生感觉孩子去上镇实验学校很有必要:“镇实验学校条件好,孩子多,学习起来有劲头,能比着学。”

教师反映村小设施和生源都不足，图书没有几本适合学生看的，生源连年流失。许圩村的大马小学，一道水泥围墙，两排简易校舍坐落在院子的一南一北，校舍之间用红砖铺成操场，这就是村小。学校里只有十几个学生在追逐嬉戏，显得校园更加空旷。北面校舍西侧的一棵松树，是校园内唯一的绿植。松树上有个电闸控制水泵，白色的水管从学校的围墙外伸进来。用水的时候，教师拉下电闸，学生抱住粗壮的水管对着桶，瞬间就接满一桶水。“学校里没装自来水，只能打井用地下水，水质不算好。”教师说。更让教师无奈的是，村小生源少，而且流失快。2011 年校舍重新翻建，可学生数量却从 78 个减少到 54 个，去年秋季开学，一下子转走 14 个学生到镇实验学校读书，另外 10 个不知道去哪里了。“转走的大都是一二年级的学生。幼儿班的孩子太小，家长担心孩子不适应，就先在村小将就。”教师分析。“在村小的孩子，家庭条件都不太好，也有好多家长认为孩子学习不好，就在村小将就吧。”教师一面感觉家长功利，一面为孩子感到心酸。看着在操场上活蹦乱跳的孩子，觉得他们跟城里的孩子一样聪明可爱。校舍里有一间不足十平方米的小屋，里面有一排书柜、三四张书桌，整个房间被尘土笼罩，这就是村小的图书室。仔细看，却没有几本适合学生看的书，“都是村里的书”。校长说。这所村小的教师最年轻的三十九岁，其余四位教师都五十多岁。教师办公室里，六张掉漆的桌子，虽然有些斑驳，却擦得很干净。五位教师，多余的一张桌子上放着一台老式台式电脑，没有打印机。办公室的窗台上，摆放着一个手摇的铃铛，这就是村小的闹铃。

“撤点并校”不能盲目“一刀切”，应合理规划，充分考虑贫困家庭学生的切身利益。村小坐落在田间，本是安心读书、享乐童年的静地，而现在的村小却在“撤”还是“留”中苦苦挣扎，孩子们欢乐的笑声不禁唤起大人们心里的阵阵酸楚。早在 2003 年，“撤点并校”已经让七所村小“消失”，镇上的十五所村小只剩下八所。由于村小学生人数不断减少，教师们也拿不准他们的学校会不会是下一个被“撤并”的对象。最近，东北师范大学农村教育研

究所所长邬志辉认为，村小萎缩是城镇化进程中的一个正常现象，随着城镇化的推进，村小将逐渐减少，但是不能走得太快，不能让家庭贫困的孩子成为城镇化的牺牲品。发达国家也经历了这样一个过程，但是在发达国家逆城镇化的过程中，一部分农村学校又得到了恢复。邬志辉介绍，“撤点并校”能够节约财政投入，一些地方政府曾积极推动。然而由于缺少合理规划，有的地方政府盲目“一刀切”，相关领导“拍脑袋”，大规模“撤点并校”引发了村小萎缩、教育质量下降、农民教育投入负担增加等一系列社会问题。朱湖镇一位已经退休的原村小校长透露，“撤点并校”之初，闲置的村小被村里出售，如今再恢复就非常困难，同时，一部分教师分流不畅，形成“吃空饷”的现象。去年年底，国家出台政策，全面改善贫困地区薄弱学校基本办学条件，推进义务教育学校标准化建设，不让贫困家庭孩子输在成长的“起跑线”上，而朱湖镇现在保留的八所村小，除了简易校舍、陈旧桌椅，整个校园最新的就是办公室墙上花了近 500 元制作的各项制度牌。邬志辉认为，尽管“撤点并校”让村小有些漂浮不定，但满足基本教学需要的基础投入不应忽视，可以通过配备优秀教师、投入现代化教学设备等改善村小教育质量。这些投入非常重要，也不会因为未来学校撤并而受损失。

我和村小结缘是在 20 世纪 70 年代初期，那时，我刚满七周岁。我踏着泥泞的道路，深一脚、浅一脚地被父母硬逼着去上学。快到村小时，我停下脚步，反复打量着村小，村小像一位衣着破烂的小老头蜷缩在一条大河的南岸，只有一面鲜红的五星红旗在迎风飘扬。村小的北面是一条大河，村小的南面是一条土路，土路的南面有一条小河，小河唱着歌，欢快地舞蹈。走进村小，就走进了一个黑色的世界。教室又昏暗又低矮，只有依靠两个木格小窗洒些光亮，地面坑坑洼洼，土墙被风雨啃下很多道口子。学生每天除了上课，就是踢毽子、玩陀螺、摔跤。我就是在这所村小读完小学一至五年级和初中一至二年级(当时还没有小学六年级和初中三年级)，考上了省重点高中。

20 世纪 80 年代初期，我又回到这所村小教书，此时这里的环境略有改变。我全身心地投入工作,感觉不奋发努力就对不起自己的母校和学生们。每天雄鸡啼晓就起床,早早吃过早饭到学校,不是扫地,就是打水,然后在大门口迎接学生们的到来,中午做些家访,下午课外活动时,和学生一起做些游戏,晚上备课和批改作业,工作和生活排得满满的,迷茫和彷徨跑得无影无踪,心灵的田野上飘着希望的歌。一年多时间,由于我的教学成绩突出,组织上把我调到曹庙乡中心小学任教。我离开村小的那天早上,天空飘着雪花,学生们来得很早,但都闷闷不乐,很少说话,细心地帮我把日常用品和书搬到手扶拖拉机上。当手扶拖拉机被摇响的那一刻,学生们忍不住哭了:“老师,慢走!”“老师,有空回来!”我极力控制自己的情绪,但终究情感的潮水冲开了理智的闸门,泪水夺眶而出,打湿了视线。

村小永远给我遮挡风雨,永远给我不断前行的力量。但是,村小的明天在哪里?

13

校园泗州戏的意义在哪里

2014年10月16日　星期四　多云

这几年学校打造泗州戏特色教育，取得了一些成绩。上午学生在泗洪县城古徐广场表演泗洲戏《俏媒婆》，受到了好评。《俏媒婆》的成功表演再一次引发了人们对校园泗州戏的关注和思考。《俏媒婆》的成功能否复制？校园泗州戏有什么教育意义？这些都成为人们热议的话题。

有人说《俏媒婆》的成功是学校特色创建的范例，但事实上，除了参加演出的教师和学生之外，学校没有其他人参加任何训练或演出。在我看来，参加演出的教师和学生，也没有真正理解节目的历史和现实意义。我们当然要努力把戏演好，但同职业剧团走向市场不一样，我们排演泗州戏不是为了受到别人好评，不是为了获得什么奖励，更不是为了让观众花钱买票看戏。

那么，校园泗州戏的意义在哪里？校园泗州戏怎样发挥优势创作高质量的作品，并且通过自己的表演，帮助学生学习艺术、锻炼情感、塑造人格，学习以个性化的眼光看待和表现世界的创造力？泗州戏《俏媒婆》获得了好评，成为学校发展和特色创建中一个重要的事件，其教育的特质应该是它的重要砝码。面对社会的快速发展和全媒体时代的冲击，还有一部分人能够坚持不懈地探索校园泗州戏，孜孜追求其中的美学价值，正是因为泗州戏中有着无限的教育意义。

事实上，校园泗州戏的一大优势，就是它的低成本。参与者大多数是学生，参与其中的教师也不是为了挣钱，而是因为爱好。主要演出一般是在“六一”儿童节前后，通常不外出参加比赛，更不参与商业活动。

人们对于校园泗州戏进入市场和参加比赛取得成绩后可能变味的担心也不无道理。一旦演出成功和获得奖励成为主要追求，创作者和演出者的名利欲望被唤醒，纯粹的艺术教育目的就有可能被名利诉求所扭曲。当然，如果能够从校园泗州戏中孕育出一个拥有现代背景的业余剧团，未尝不是一件好事。

校园泗州戏的意义，仍然是教育。

14

反思且改进开会

2014年11月10日　星期一　晴转多云

今天我参加了五个会议，上午两个，下午三个。这可能是我参加会议比较多的一天。

下午全体教职工例会从四点四十五分至五点半，足足开了四十五分钟。这是我今天参加的第五个会议，散会时夜幕已经降临。会上，我感慨地对全体教职工说要尽量少开会、开短会，赢得大家一片掌声。这掌声让我备感纠结。

人在这个世界上恐怕多多少少都要参加会议。单位的人自不必说，小时候就知道农民也要经常参加大会。有一首以前非常流行的歌，里面就有“生产队里开大会”的歌词。翻遍手中所有资料，也没找到“开会”这种今日司空见惯的事情到底起源于何时何处。

一走上工作岗位，就免不了要时常开会。后来成了学校的教导处副主任、教导处主任、副校长、校长，开会更是变成了家常便饭。参加各种规格、各种形式、各种类型、各种渠道的会议，有时是领导召集我开会，有时是我召集别人开会。怪不得社会上有“三天不开会，变成旧社会”的戏谑之语。

有人说，开会也挺累人的，这倒不假。你想，坐功不好的人能受得了甲乙丙丁、一二三四、ABCD的长篇唠叨吗？空话、废话、套话、官话等强制性地毫不客气地塞进你的耳朵。开了一天的会也只有一两句是和你的工作有关的，确实是浪费时间。

当然，开会也有好处。

于公，开会就意味着工作开始做了，良好的开端就是成功的一半，任务布置了，精神传达了，做得好坏与否那全是下边人的事，与自己是无关了。无关了便轻松了，轻松了自然就舒畅了，这个官当起来才有滋有味。人要快乐活，不快乐是自找的。

于私，开会就意味着能和上级领导见面，会前会后还可以找机会当面向领导汇报工作套近乎，这样领导就会对你印象深刻，说不定哪天能想到要提拔你。开会就意味着能丢下手中繁忙的工作，安心地养点神，一句“正在开会”别人便自动闭嘴，不会说你上班没来。开会还意味着可以交友，结识一批当地干部或者天南海北的朋友。你想，来自一个地方各条战线或者五湖四海的人为了一个共同的目标走到一起开会，那不叫缘才怪呢。

我曾在学校不同会议上不止一次地说，开会次数和时间长短与大家工作情况有关。目前，学校工作情况良好。那今天全体教职工的掌声是什么意思？我能听出来，是我开会次数多了、时间长了。我要反思且改进开会，即少开会、开短会。

15

“没时间”的教师

2015年5月28日　星期四　小雨转阴

从镇政府汇报完工作回到学校，看见两位教师手里拿着书，站在教学楼走道上聊天。我没有打扰他们，打开门进了办公室，心想他们手里拿着书，才下课，应该累了，站在那儿大概聊不了几句就会各自回自己办公室的吧。

我整理了今天的工作资料和要做的几件事，又接待了一位来访教师，足足有半个小时。送这位来访教师出门时，看到他们还在聊着，我就对他们说：“手里拿着书，站在这儿聊天多累呀，请进来聊吧。”他们望着我笑了笑，说：“没时间！”

没时间？没时间怎么还聊那么长时间！看来，这两位教师并非真的“没时间”，而是根本就没有时间观念。

工作中像这两位这样“没时间”的教师还不在少数。

我走上教育工作岗位不久时，身边有的同事几乎从不读书看报，我曾幼稚地劝他们多读点书，可都被对方一句“没时间”噎了回去。就是这些“没时间”的同事，上班时不是聚在一起吹牛，就是躲在别人看不见的角落抽烟，混完八小时，就凑份子聚在小酒馆喝酒，要么就到录像厅看香港武打片。

普通教师“没时间”，学校领导的时间就更宝贵了。那时我还是个热血青年，常在业余时间钻研教学业务，有了一点想法就跑到领导那儿汇报，而每次领导都以“没时间”为由把我的报告扔进垃圾篓。后来我才知道这位领导上班时间抽空睡觉，业余时间都用在麻将场和酒桌上了，难怪他“没时间”听我的唠叨。

在“没时间”的教师和更“没时间”的学校领导的折腾下，一个好端端的学校不久就被首批撤并到其他学校了。

隐隐约约地听着这两位教师叙述着生活的艰辛与无奈，我真不知道应该如何安慰他们。

16

信任是教育的起点

2015年9月1日　星期二　雷雨转多云

开学第一天，学校长期存在的问题似乎就集中暴露了出来。有的家长为了让孩子进入一个“好班”、分到一个“好座”找关系；有的家长找教师关照，让孩子午睡时不靠近风口、做实验时担任重要角色，等等。

跑关系选班择座也好，找教师关照也罢，背后都是家长对政府、学校和教师的不信任。不信任当地政府能均衡办学，不信任学校能阳光分班，不信任教师能公平对待每名学生。而信奉跑关系和找关照等潜规则，家长们固然求得了一时心安，却也让家校关系变了味，让教育蒙羞。试想，在这种氛围下办学、教书，孩子还能健康成长吗？

信任是教育的起点，信任不存难言育人，更难言“一个灵魂唤醒另一个灵魂”。实际上，学校是按照教育教学规律办学的，教师都会本着一颗公平心和爱心去育人。家长要相信学校和教师，也要相信孩子会用自己的力量成长。但是，在一些家长眼里，自己的孩子就是长不大，离开家长就不行。这不，早上我就在学校大门口看见一位家长，站在雨里给孩子剥鸡蛋壳儿。

不是孩子长不大，是家长没给孩子长大的机会；不是孩子离开家长就不行，而是家长没过了分离焦虑这一关。此种对孩子自我成长的不信任，和家长不信任教师，只信任潜规则，抑或学校关门办学，不信任家长和社会力量，在本质上是一样的，都会给教育主体带来不同程度的伤害，无助于良好教育生态的形成，最终受损的还是孩子。

当然，家长不信任是有原因的。很多时候，信任就像一棵初生的幼苗，需要精心呵护，一旦被破坏，后果很严重。就在今天下午，县教育局基础教育科工作人员打电话对我说，有一位家长投诉，说有的孩子差十几天才满六周岁，在朱湖实验学校报了名读一年级，而他的孩子是 2009 年 9 月 4 日出生，只差四天，为什么不能报名读一年级？以前确实有不足六周岁的孩子读一年级，但那是不符合政策要求的，今年没有了。对此，我立即找到这位家长做了说明，才打消了他的疑虑。

疑虑被打消，信任得以重建，终究是好事，但有些信任一旦被辜负，就永远得不到修复，尤其是师生之间。若问教育最大的成功是什么，无非是教师赢得学生的信任。孩子喜欢教师，喜欢跟教师讲悄悄话，教育就成功了一大半。美国最有趣、最有影响力的教师雷夫·艾斯奎斯之所以能在小小的一方教室里创造出所谓的教育奇迹，就是因为“他的教室里什么都有，唯独没有恐惧”。彼此之间的信任，使得他教出了一批批出色的学生。学生毕业多年后，还常回母校看望他。可见，成功的教育需要包括家长、教师在内的教育者先拿出信任对方的诚意，着意建立良好的家校关系、师生关系。同时，要遵循公序良俗，而这不仅是学校需要上好的开学第一课，也是整个社会必须上好的一课。

17

备课要讲究实效

2016年1月11日　星期一　阴转中雪

下午参加校内教案检查活动，发现很多问题。然后与教师座谈交流，大家有不同看法。不管怎么看，教案关键是要讲究实效。

绝大多数教师认为，上课前必须备课、写教案，做到有“备”无患，正如现代教育评价观所提倡的那样，备课也要注重其过程性评价。备课要备学生、备教材，重点在于如何处理教材。怎样突出教学重点，怎样分散教学难点，运用什么方法激发学生兴趣，怎样联系学生生活实际，如果经过深思熟虑，理清教学思路，把握教学重点，做到“胸有成竹”，即使不动笔写教案，也会“无案”有佳课。现在，部分教师由于工作任务繁忙，照抄备课资料，这样，即使写教案也恐难有实效。有的教学参考书上的确有优案，但各自学情不同、理解不同、教学特色风格不同，教师理应结合教学现状进行适当的调整。

青年教师写详案，中老年教师可以写简案，这主要是因为青年教师需要深入钻研和分析教材，而中老年教师则可凭借自己已有的经验来处理教材。“详”与“略”的分界，应该根据教材的内容，结合学生学习情况，加上个人的教学特色来定，而不能仅根据年龄的大小来定。或许用写详案来约束青年教师，能够促其钻研教材，但也可在仔细钻研思考后提纲挈领地写出简案；中老年教师也应根据学生特点及学科教学改革情况而创新撰写详案，正所谓“老革命”也有遇到“新问题”的时候。

如何把教师从烦琐的机械抄写教案中解放出来，用更多的时间去了解学生、反思课堂？电子备课应运而生。电子备课在学校推行以后，很受一线教师欢迎。教师在进行电子备课时，可以通过网络发现更多与教学内容相关的资料和参考方案，这些信息和资料，既开阔了教师的眼界，拓展了教学思路，又丰富了课堂教学资源。当然，电子备课同样是一把双刃剑，利与弊共存。有些教师在电子备课时直接从网络上下载教案，“拿来主义”严重，缺少对学生的学情分析和对教材的研究，缺少对教案的修改和完善。面对电子备课存在的种种问题，除了学校方面要加强管理之外，更重要的在于每一位教师自身。教师对备课重要性和内涵的认识如何，是否用心备课，对于提高教学效率和教学质量起到至关重要的作用。

18

特色标签不那么重要

2016年2月23日　星期二　阴转多云

下午与一位优秀教师谈论专业发展，这位教师突然问我一个问题：如何突出个人特色、打造个人品牌？一时间，我竟无言以对。

在许多教师特别是优秀教师看来，教学特色无比重要，他们认为特色是教师走向成熟的象征，是教师专业发展的重要表现。如果一位教师没有自己的教学特色，没有总结出自己独有的教学方法、教学模式、教学主张，恐怕终究成不了名师。

不可否认，今天与我交谈的这位教师是比较优秀的，年纪轻轻便被评为县级名师，课堂教学在市级大赛多次获奖。正是因为有这样的基础，他才会探寻自己的特色，打造自己的品牌。从某种角度讲，这位教师的专业渴望与需求是对的，找寻自己的特色，打造自己的品牌，是教师对自己提出更高发展目标的一种体现。而寻求特色和品牌的过程，又会督促教师保持高度的清醒，更加主动地学习，更加努力地实践，从而让自己的教学水平提升到更高层次。

然而，教学特色对于教师真的那么重要吗？优秀教师非得打造属于自己的品牌吗？

教学特色到底是什么？从本质上讲，教学特色即教学个性，是教师在课堂上不同于其他教师的主体性表现，蕴含在教师每一节课的教学行为之中。每一位教师由于学识、经历、个性迥异，教学风格不一样，在课堂上的表现也不一样，可以说是各有特色。有的教师精于语言表达，有的教师喜欢旁征博引，有的教师擅长板书，有的教师喜欢活跃气氛。更有不少教师为此给自己贴上了教学特色标签。

诚然，标签的作用不可估量，有了专业名词概括的特色标签，的确可以让教师的课堂教学从实践层面上升到理论高度，从而站在更广阔的视野审视自己的课堂教学。当下，所谓的诗意课堂、情智课堂、本色课堂……不正是一个个令人心动的标签吗？而能够拥有这样的标签，又何尝不是教师的梦想与追求？

然而，教师在追求这些特色标签时不应该忽视自己的职业身份与教育本质。教师的工作是良心活，任何教育如果没有教师的真正参与，都是伪教育。事实上，这些特色标签对于学生而言是毫无意义的，学生不会在意课堂教学属于哪个流派，彰显什么特色，他们在乎的是课堂对自己生命成长的意义，这才是最重要的。

不得不说，一味地追求特色标签，是一种功利心在作祟。教师的使命是教书育人，他们并非专业科研人员，同行的认可固然重要，但是与学生的快乐、幸福、发展比起来，那些特色标签就如同浮云一般，不值一提。当优秀教师拥有了他们梦寐以求的特色标签，成为教学领域的明星大腕时，他们还有多少心思安静地给学生讲课？如此，苦心经营的特色标签还有何意义？

在特级教师孙双金的课上，总能看到学生小脸通红、小眼发光、兴趣盎然、兴致勃勃。是什么让学生在课堂上快乐着、幸福着？“你提的问题连老师都没有想到，你是个小思想家！”“你能联系上下文寻找答案，这种方法值得大家学习！”“你特别注意倾听别的同学发言，这既是一种学习态度，也是对发言同学的尊重。”……这样的赞美，这样的评价，充满了民主平等的意识，充满了对学生创造精神的呵护，充满了对学生发自内心的赞赏。在这样

的语言激励下，学生们敢于发言、热情高涨、幸福洋溢，也就是很自然的事情了。

特级教师王栋生（笔名“吴非”）曾说：“我教语文，一直没想过自己是什么‘法’什么‘式’，有人私下不无惋惜地说过‘教到退休，好像没搞出自己的东西’，遗憾的是我从来没有自惭形秽，我至今仍然‘停留在常识阶段’。”说得真好！这才是真正的师者，才是至高的教育境界。

真理稍稍走偏半步，极有可能变成谬误。我认为，教学需要特色，但需要好的特色。鉴别特色的好坏，有几个要素。一是是否合乎规律。规律是事物之间的内部联系，是客观存在的，不以人的意志为转移。就教学而言，重视“知识”和“技能”，重视“方法”和“习惯”，重视“先学后教，以学定教”，应该是规律。而把原本属于“课程设计”的三维目标降格为课堂目标，指望通过一节课就能改变人的“情感、态度与价值观”，那显然是反规律的。二是是否合乎人性。以人为本要求尊重学生的“人性”，学生尽管以学习为主业，但仍然应该有自己的生活，自己的爱好。但我们把学习中大量的任务和负担延续到家庭，家庭也成了学校，以为学生生活的一切就是学习，为之可以夜以继日，这种知识教育的过度化不仅反教育，而且反人性，结果必然是毁了学生。三是是否合乎常识。某些优秀教师，在某种猎奇逐艳的所谓教学“创新”中，早已脱离了根基和原点，甚至南辕北辙了。严华银老师曾经说过：“拯救现实教育需要理性和思辨，需要回到本真和常识。”反思我们自身对于专业学科的学习，直到今天，几乎没有例外地都是独立自主地阅读、思考、练习而获得进步和成功的。既然如此，我们为什么还在课堂教学中一味地无限夸大“小组”和“合作”的神奇作用甚至追求自己的特色呢？

有一个故事，说的是画家有两个徒弟，大徒弟聪颖灵活，常常有惊人的构思；小徒弟木讷笨拙，只知临摹宋代画作。大徒弟广泛涉猎，不断推陈出新，作品一时受世人追捧而成名。相比之下，小徒弟多少年来默默无闻，无所成就。而在三十年后，大徒弟终于无法持续创新而名声渐衰，小徒弟却深得旧时技法的精髓，终于名扬天下，成为一代大师。两位徒弟在各自道路上的追求，给我们无尽的思考。小徒弟虽然没有大徒弟早些时日的一时风光，但是给自己一个正确的定位，在长时间的磨砺中拥有了坚实的基础与深厚的功底，从而异军突起，一举成名。俗话说，"跑得快不见得跑得远"，关键是看有没有支撑你跑远的能量。书画修习如此，教师专业成长也是如此。优秀教师只需追求"最好的自己"，只需让每一个学生得到自己最好的浸润。如此，所谓的特色标签，真的不是那么重要。

19

微信群变成“秀场”

2016年4月14日　星期四　多云

在一年级听手工课，课堂上，每位学生都按照教师的要求制作了一封写给爸爸妈妈的信。学生们依次把粘好的信封交给教师，教师在信封上写上学生爸爸妈妈的名字后，让学生拿着信封站好，拍下照片。直到班级里所有的学生都拍好照片后，教师又组织大家一起到教室门口宽敞的地方拍一张大合影。拍好后，教师查看照片，发现有的学生没笑或是被挡住了脸，就立即提出要求并组织学生重新拍照。折腾了好一会儿，教师拿出手机，打开微信，将这张“完美”的合影发到家校微信群中。

自从有了家校微信群后，教师摆拍照片发到微信群里的现象就越来越多，要求学生看镜头、面带微笑，还要求学生做指定动作。家长关注自己孩子的成长，恨不得时刻看到自己孩子在学校的表现，教师为了满足家长的这一需求，在每组织完一项活动时，都会让学生排好队一个一个地摆拍照片，再经过教师的精心“设计”后发到微信群里。

这个过程让教师和学生都苦不堪言。教师一味地讨好家长，使教育的本质变了味。学生在校一日生活中，每天如此被拍照占用了很多时间，这不仅干扰了一日活动安排的节奏，也让微信群设立的初衷变了味，让教育的场所变成了“秀场”。

家庭和学校是实施学生教育的两大责任主体，家庭是给予孩子生命、打下最早烙印的地方，而学校是学生接受集体教育，与教师、同伴产生互动和相互影响的地方。两者如果能在一定程度上相互配合，形成家校共育的合力，必定会对学生的成长起到促进作用。但是，家长“不输在起跑线上”的攀比心理，以及对孩子的过高期望，导致家长对学校教育抱有过度期待，对学校教育过度参与，打扰了原本平静的学校教育。

在微信群的应用过程中，教师首先应该起到模范和引导作用，在规范自己行为的同时，还要为家长或者和家长一起制定共同的规则。在建群之初就应该明确规定，建立微信群是为了更好地促进家校共育，所以必须明确规定什么可以做、什么不可以做，家长要自觉遵守规定，端正自己的角色和位置，明确自己的责任和义务。微信群毕竟是个公共的交流平台，家长应该注意自己的言行举止，避免不必要的争执和冲突。而对于一些交流和分享，家长应该培养自己理性判断能力，慎重选择，适当分享。自己的私事或者重要的事可以和教师私聊，不要占用公共的交流平台，以免影响他人。除了家校彼此交流沟通信息外，学校应该充分利用微信群向家长传递科学教育知识，使家校在教育理念一致的基础上，共同促进学生的学习与发展。

20

一件“小事”给我的启示

2016年6月3日　星期五　小雨

利用课间十分钟这宝贵的休息时间喝几口茶，调整一下自己的精神状态，对教师而言，自然是美好、快乐的。可今天上午第一节课后，我刚把杯子端起，六年级英语老师对我说：“临近毕业了，六(2)班几个男生，竟因打篮球而上课迟到，很不像话！”望着窗外绵绵细雨，听着同事的“告状”，想着六年级的教学质量，我尽力克制心中的烦忧。

第二节上课铃一响，我直奔六(2)班教室。我刚在教室的讲台前站定，只见几个男生像离弦之箭从操场奔来，个个满脸通红，汗如雨下。其中一个穿着背心，手拎上衣，裤脚卷至膝盖。还有一位眼镜跌掉了螺丝，只好一手抓镜片，一手抓镜架，一副不适的样子……一个个汗水和着雨水直往下淌，那狼狈而滑稽的模样引发了满堂的哄笑。

我无法克制自己，批评的话语像洪水一样倾泻而出：“迟到的请站起来！你们冒雨打球的精神实在可嘉。奥运赛场若有你们参加，一定能夺冠而归。”我越说越激动，越说越感到血在往上涌，眼睛瞄着那个只穿背心的学生：“你是学习委员，这个头，你带得好，请你照照镜子，欣赏一下自己，瞧你那样儿！”

没想到，他还低声嘟哝着。

“难道我说错了吗?”

“我那样儿怎么了？校长怎么损人?”他的声音提高了八度。

“我损人？我说你那样儿,是损人?”

“你是中国人吗?‘那样儿’就是损人。”

全班静寂一片,他仍在争辩:“这不叫损人,叫什么?”

他的反诘使我简直受不了,竟有人当着全班同学的面跟校长顶嘴,我的“面子”丢尽了！必须找回“面子”,维护尊严！我放慢了语速,加重了语气:“朱刚,今天你违背了校规校纪中的‘尊敬老师’这一条,你身为班委,带的是什么头？扮演了什么角色？你必须在全班同学面前检讨,挽回影响,我等着看你的表现。”不容他分辩,我又将其他几个男生批评了一通后宣布上课。

在异常紧张的气氛中,我上完了这堂课,走在回办公室的路上,我心中既难过,又疑惑。朱刚一向尊敬老师,性格憨厚,对老师的批评教育也总能虚心接受,尽管他在学习上是块“好料”,但我一直认为“响鼓需要重锤敲”,可今天难道“敲”错了吗?

中午,我找来他的几个好友了解,才弄明白:本来,他认为老师的批评是对的,但老师当着全班同学的面“损”他“那样儿”,刺伤了他的自尊心,使他丢了“面子”,他无法控制自己。

知道了实情,我陷入了沉思。是啊,每个人都有自尊心,老师有,成长中的孩子的自尊心更强。其实,这正是一种积极进取、奋力拼搏的潜在动力。俗话说伤皮伤骨不伤心,箭伤肉体,话伤心灵。作为教师,不应该伤害学生的自尊心。工作中遇到问题,心要热,但头脑要冷。要学会善待、宽容和理解,以势压人的批评,激怒的话语,以及冷嘲热讽,只会刺伤学生的心灵,而心灵的创伤格外难以修补！再说教师和学生的人格是平等的,教师的“面子”是靠自身的模范行为来维护的,教师要“面子”,学生也要“面子”。教师首先要理解学生,才能教育学生。今天我出于好心,却未能收到好的效果,正是因为忽视了这一点,我为今天的做法感到歉疚。

我决定，宁可丢了“面子”，也要和朱刚进行心与心的沟通与交流，获得他的理解与原谅。

下午放学前，我在全班同学面前向朱刚公开道歉之后，诚恳地说：“同学们，小学毕业已经临近，希望你们抓紧时间，摆正学习与活动的关系，让我们相互谅解，奋力拼搏，在小学毕业水平测试中取得优异成绩。”我的话音刚落，朱刚快步走上讲台，他说：“校长，今天是我错了，请您原谅。现在我理解了老师的一片苦心，我更加尊敬您！”他还向我深深地鞠了一躬，这时全班响起了热烈的掌声。

我决定在下个星期一的例会上，把这件“小事”给全体教职工讲一讲，在学生面前不要怕丢“面子”。

辑录三

生活感悟

1

努力改变自己

2011年1月26日　星期三　多云

这是本学期最后一个工作日，全体师生到校，召开班会，安排寒假工作，打扫卫生，顺利放假。一切按计划完成，我感到特别轻松。

晚饭后，随手翻开《感悟人生》一书，书中有一则故事，故事讲述的是一位手拿罐子的教授，往罐子里面放了一些大块的鹅卵石，放完后问学生："这罐子是不是满了？""是！"学生异口同声地回答。"真的吗？"教授边说边往罐子里加进一些碎石子，然后又问学生："现在罐子是不是满了？"这时学生的回答有些犹豫，只有一名学生怯生生地说："也许没有满。""很好！"教授又慢慢地往罐子里倒进沙子，等沙子灌至罐口时，教授再次问学生："现在这个罐子满了吗？""没有满！"大家齐声回答。"好极了！"教授这次拿来一大瓶水，又慢慢地倒入罐子。最后，教授正色问学生："从装满罐子的过程中，你们学到了什么？"沉默之后，一名学生说："无论工作多忙，行程排得多满，我们总还是可以多做些事情的。"教授微笑着点点头说："回答得不错，但我想告诉各位的是：如果不先将鹅卵石放进罐子里，你也许永远没有机会再把其他东西放进去了。"

教授的话似乎就是说给我听的。最近，我特别爱抱怨：抱怨自己这么辛苦却没有取得多大成绩；抱怨同事不理解自己，真心付出却得不到应有的回

报；抱怨自己的学生历次考试成绩总是不如意……因为抱怨太多，所以我在工作中总是感觉缺少快乐，缺少成就感。

为什么我总是怨天尤人？为什么我总是苦不堪言？不正是因为自己的心里已经装载了太多的“碎石子”“沙子”和“水”？作为一名校长，作为一名教师，我的“鹅卵石”是什么？难道就是这些毫无意义的抱怨吗？我的学校、我的同事、我的学生、我的梦想都被挤到哪儿去了？

反思之后，发现生活中其实处处有挑战，也处处有欢乐，我缺少的只是感受快乐的心情和发现快乐的眼睛。抱怨辛苦没有成绩，其实是我自己没努力；抱怨同事不理解自己，其实是我自己不豁达；抱怨学生成绩总是不如意，其实是我自己教学方法还有待改进。不是千方百计想办法战胜困难，而是指责抱怨一番，用宝贵的光阴，换来一大堆无用的指责抱怨，这真是人生最悲哀的事情。

每个人都会遇到烦恼，明智的人会一笑了之。因为有些事是不可避免的，有些事是无力改变的，有些事是无法预测的。能补救的就要尽力补救，无力改变的就坦然面对，调整好自己的心态去做该做的事情。我要努力改变自己，接纳自己不能改变的，改变自己能够改变的。根据学校实际，不再空想，大气做人、精致做事，努力做到乐观进取、积极有为。

2

想起“三日游”

2011年5月3日　星期二　多云

今年“五一”假期(4月30日至5月2日)三天,我正好在外地办事。我住宿的那个招待所服务员告诉我,这三天,食堂不供应中饭和晚饭,这两顿饭得自己解决。服务员还提醒我,招待所附近没有餐馆,要坐几站公交车才能找到。我一想,这还不如干脆来一个“三日游”呢,不耽误办事,吃饭的问题也解决了,还能出去放松放松。

这个“三日游”,给了我很深的体验。

我坐的是旅游大巴,肯定是每个人都有座位的,而且每个人的座位基本是固定的,至多谁先来谁就占个好座,晚来的座位就差一点。按说,在座位固定的情况下,上车就没必要再抢着上了,可是,一到上车,必抢无疑。我站在旁边大惑不解,想不出这是一种什么样的心理。为什么要抢呢?座位不是固定的吗?而且,一个人也不会被落下,因为毕竟不是逃难啊。5月1日早上,一位二十多岁的漂亮女士带着小孩上车,硬要坐在副驾驶的座位上,驾驶员怎么劝说她都不听,她带着孩子坐着不动还念念有词,驾驶员无奈,到底没有说服这位女士,推迟几分钟才开车,一路上不愉快。

还有,旅行社提供的三餐,质量就不说了,但分量是足够吃的。我观察发现,一桌十个人无论怎么抢着吃,最后,餐桌上肯定还剩一堆饭菜,而且餐

餐如此。按说，不应当再抢着吃了，明明是吃不完嘛，何况，这三餐并无品质可言。但是，只要菜一端上来，甚至还没等服务员把菜盘子放下，就开始抢，一顿“厮杀混战”。我就琢磨不透，分量足够、口味平平的饭菜你还抢它干什么呢？

除此之外，我发现这一路上经过的不论是城市还是乡镇，开车的也在猛抢。几乎每一辆车都在发疯似的争道抢行，车与车抢，车与人抢，人与一切可抢者抢。

到商店买东西也是如此。一般来说，现在的商店是绝对不会缺货的，就怕卖不出去，不要说你一辆大巴车四十来人，就是四千人他们也有充足的货卖。但是，这四十来人都在争先恐后地抢着购买，似乎是只有先抢到手才能安心。

人们常说，要努力追求一种效益，那么上述种种现象追求的是什么效益呢？什么效益也没有。那他们在追求什么呢？为什么把自己搞得这么紧张，这么不顾形象？我们每一个人不妨稍微歇一歇，别抢了，稍微谦让一下，还显得挺有风度的，何乐而不为呢？

3

好心情很重要

2011年10月10日　星期一　阴

中午一点左右在办公室，来了一位三十多岁的张老师。闲聊中他说：“现在的学生太难教育了，不听话，不好管。我经常被学生弄得心情很差，教师做得没有幸福感，很痛苦……”

如果不调整心情，许多新的痛苦又会在后面等着。我们就这个话题展开讨论。

再幸福的人，也会遭遇不幸的事。再不幸的人，也有幸福的瞬间。在这个世界上，富人有富人的烦恼，穷人有穷人的快乐。其实，一个人幸福与否，与财富无关，与地位无关，而与他的心情息息相关。

在我们的生活中，不如意的事占十之八九：在与家人的朝夕相处中，总免不了磕磕碰碰；在与学生的教学互动中，总免不了动怒发火；在与同事的相处交流中，总免不了产生误会；在与领导的相互配合中，总免不了意见相左……

遇到这些不如意的事怎么办？不要总想着学生为什么不听话，其实，学生的一些想法和做法未必就不对。面对学生的优点和取得的进步，我们应该给予肯定。面对学生的过错，我们也不应该回避，要一针见血地指出其错误，但要注意批评的艺术，不能伤害学生的自尊心。不要总追究学生为什么

上课捣乱还不好管，有时连他们自己也说不清具体原因，也许只是活泼好动的天性而已，并没有什么恶意。不要总琢磨人际关系为什么这么微妙，只要拥有一颗乐观而善良的心，在别人遇到困难时及时伸出援助之手，就一定不会缺少真正的朋友。不要总惦记职务的高低、工资的多少，人的欲望无止境，但人的生存需求却十分有限。如果我们能弄清自己真正需要什么，不需要什么，心就不会为物欲所烦，身就不会为物欲所累，就不会在物欲横流的世俗社会中迷失自我，就可以全力以赴地去干比满足物欲更有价值的事业。人在向某个既定目标前进时，是需要轻装简从、全力以赴的。一分耕耘，一分收获，只有有了"春种"，才会有"秋收"。不要总是压抑自己的感情，想哭就哭，想笑就笑，只有活得真实，才会活得轻松。

法国作家大仲马说过："人生是一串由无数的烦恼组成的念珠，乐观的人总是笑着数完这串念珠的。"作为教师，虽然工作任务繁重，身份地位不高，但是，只要我们能够拥有一颗平常心，爱岗敬业，就一定会乐由心生。好心情很重要。如果每天看到的、想到的都是工作生活中的负面因素，又怎么能够快乐起来呢？人总归要回归大地，就如浪花终究要落入大海。不要抱怨平凡与不幸，每样事物中都有美丽的灵魂，抓住了，便不枉此生。只有事事都能退一步想，为自己营造出良好的心情，才能活得开心，活得潇洒，活得快乐。

4

把汉字写好

2012年2月10日　星期五　多云

中午在校园散步，碰见一位八年级班主任带领几名学生在教室出黑板报。我与这位班主任聊天，提及汉字书写，这位班主任感慨良多。说现在在班级找一名能够写好汉字的学生实在不容易。每逢学校搞个墙报、黑板报评比，班里几名字写得好一些的学生就成了香饽饽，甚至被其他班借来借去。毋庸说学生，即使是教师，字写得好的也为数不多。

我深有同感。

几天前，有朋友告诉我，他的一位领导，字写得极难看，可是由于工作需要，经常要签署意见下达指示。他的这位领导也因此苦恼不已，每一次书写都是一次痛苦的经历。

在历史长河里，文字出现得非常晚，却迅速成为社会沟通、信息交流、记录文明的主要工具。书法是随后的创造，出现得更晚。书法是考虑文字内容与载体关系，具有特殊表现形式的书写方法。纵观各国文字，唯有汉字除了具有交流信息的功能外，还是一门艺术（一些亚洲国家如日本、韩国等，也有书法，但都是汉字的延续或演变）。可以这么比喻，外国文字就像洋快餐，样式少，口味单一，容易填饱肚子。而中国汉字是中餐，讲究的是品种样式、烹饪技巧，让人在大饱口福的同时，也大饱眼福。

有人说，时代不同了，随着电脑的普及和由此而来的办公自动化革命，手工书写渐渐为电脑操作所替代，只要动动手指、点点鼠标、按按键盘，什么好看的字体找不到？何需苦恼写不出一手好字？的确，现在的工作报告、各类文书，手写稿已甚为罕见。有的年轻朋友甚至把私密性和情感性较强的情书，也以打印稿代之。更有甚者，连打印稿也不要了，一条短信、一个电话便替代了手写信件。据邮递员说，因为写信的人少了，投递以信为主的现象已成了过去。那些常年从事写作又不能及时“换笔”的作家，常常被讥讽为“落伍者”。

这一切，无疑是现代科技给人们工作和生活带来的重大变化，快速、便捷、高效，是人们对这个革命性变化的通常赞誉。这是历史发展的必然规律，也是有文字以来的一次革命性变化。然而，电脑里字体再好看也不是我们自己写的。电脑再先进也永远替代不了人本身。我们这样一个把书法当作传统文化的国家，书写艺术却正日渐式微。汉字书写所带来的快感和美感，终有一天会成为民族文化的往日追忆。这绝非夸张之谈，许多人都有这样的体会，用电脑时间长了，往往提笔忘字。这种现象如果不能引起我们的重视，将来的“白字先生”会越来越多。而另一方面，写好字的人越来越少，长此以往，或许在我们这个书法被称为“国粹”的大国，欣赏书法只有去博物馆了。

这并非故作惊人之语。这几年，不断有媒体披露，我们引以为豪的书法艺术，正有被别国当作他们的世界非物质文化遗产抢注的危险。2009 年初，国家语言文字工作委员会宣布，针对青年人写字越来越不规范的问题，制定和推出汉字书写等级标准，促使学生不仅会写汉字，还要懂得汉字的美观和规范。当时就有人质疑，称这是抱着传统不放。其实仔细想想，提倡写好汉字与顺应时代的变化和发展并不矛盾，电脑的普及是历史潮流，而对文化传统的保护和发扬同样重要。汉字书写与我们日常生活息息相关，从历史发展角度看，无论社会怎么变化，手写汉字始终都是必需的。如果人人都不会手写汉字，那汉字岂不成了干瘪的符号？所以，提倡写好汉字，弘扬传统文化，十分必要。在一切能手写的地方，尽量手写，还要尽量写好，不能马虎，更不能将其遗弃或对其排斥。

教师更离不开写字。板书课题的时候，不能老用贴纸。指导学生书写时，不能总说“请你跟着书本写”，而不敢范写、批改。一个连汉字都写不好的教师还怎么给学生做好表率？

字如其人。书写是大脑的投射活动，书写的习惯，笔画运行的轨迹，结构的疏密，下笔的轻重，笔画的呼应，都隐藏着一个人的生命密码——品德、性格、能力、身体和心理状况等。厦门著名书写笔迹研究专家金一贵先生曾透过笔迹帮法官断案，帮人事部门招聘人才，替人诊断病情，助人矫正性格缺陷等，神奇之处，令人瞠目结舌，拍案叫绝。古人云：字品如人品，能写一手好字是一件好事、美事，这是毋庸置疑的。

有人认为写好字要有天赋，有的人天生就是书法家，有的人一辈子字迹潦草。还有人说，我的字写得不好都已经几十年了，都定型了，想改变是不可能了。其实，练书法就如同戒烟，只要你充分认识到吸烟对身体的危害，下决心戒烟，不论烟瘾有多大，不管烟龄有多长，都是可以戒掉的。同理，没有练不好的字，没有写不好字的人，最重要的是你有没有下定决心，有没有持之以恒的毅力和正确的练习方法。齐白石成年时才开始学画画，却成为一代宗师。我们不必奢求拥有齐白石一般的艺术成就，但一定要学习他孜孜不倦的求艺精神。

厦门市翔安区教师进修学校小学教研室主任陈陆一老师说：“练字，要牢记三句话，并坚持去做，很快就能练好字。”第一句话是：“拜帖为师。”俗话说：练拳不练功，到老一场空。练字不临帖，最后是白写。想练好字，一定要临摹字帖，直接从精美的字帖中汲取营养。站在巨人的肩膀上，你更容易接近成功。第二句话是：“取法乎上。”古人云：取法乎上，仅得其中；取法乎中，仅得其下。取法乎下，仅得下下。这句话的意思是向上等水平的人（书）学

习，仅能得到中等水平；向中等水平的人（书）学习，仅能得到下等水平；向下等水平的人（书）学习，得到的就微乎其微了。所以，选好字帖是练好字的关键。第三句话是："书无百日功。"选好字帖后，你一定要挤出时间用心去临摹，每天坚持写一小时。毛笔字、粉笔字、钢笔字"三管"齐下，临摹同一字帖。坚持下来，你的书法水平一定会有很大提高。想写好字，其实也不难，关键在于坚持。

把字练好，你的气质也会有所提升。作为一个中国人，写好汉字应成为生活中最基本的一部分。一手好字，将陪伴你度过幸福的一生。

5

思念母亲

2012年3月15日　星期四　小雨

晚上临睡前，一个人坐在宿舍书桌前，看着母亲遗像，深深思念母亲。

母亲故去已十几年了，至今我们全家仍然沉浸在悲痛之中。

二十岁时，母亲嫁给了父亲。当时的钟家是小家族，父亲弟兄两个，没有姐妹，父亲的弟弟过继给家族的另一房，从宗法上看，父亲的弟弟是别人家的继承人，因此，照顾公婆都是母亲的责任。

弱小的家族本由公婆统领。老人慧眼识珠，见母亲聪明能干，将家庭交给年轻的母亲打理。照此算来，从二十岁到六十八岁，母亲掌家四十八载。不过这四十八年，大半并不好过。三年困难时期，家里收入少，人口多，还要挤出一些钱为三位多病的老人（我的爷爷、奶奶、外婆）看病。如果没有母亲的精打细算，真不知道这个十口之家该怎么支撑！就这样，母亲一边在生产队劳动，一边起早摸黑操持家务，一直苦撑苦熬着。

后来，家庭经济状况虽然有点好转，但是母亲的急脾气没有变，只要听到我们姊妹八人叫饿，她一定会着急——孩子们正等着她做饭吃呢。有一天晚上，母亲做面条，她和面、擀面、煮熟面条，照例用盆端到祖辈传下来的饭桌上，全家人各自往自己碗里盛。大家都开始吃了，只有我没吃。我不喜欢吃面条，想吃饼。母亲对我说："没有面了，将就着吃吧！"我还不知好歹地冲着母亲说："你拐也要拐点给我吃。"（过去家里用石磨磨面粉）母亲二话没

说，揍了我一顿，到现在姊妹们想起这事还在笑话我。

小时候，我们总穿着母亲亲手做的布鞋。那时候，家里碎布头，破了的衣裳，铺平了，刷上面浆，晾干了，一层一层，剪成鞋底样子。然后，就是搓麻绳，拧麻线。一切准备就绪，母亲就一手拿着锥，一手牵针引线，开始纳起鞋底。母亲不仅鞋子做得舒适，养脚，还会别出心裁地在鞋面上绣花。

当然，母亲会做的，不只是鞋。家里的枕巾上有母亲绣的鸳鸯戏水，有喜鹊闹枝，也有迎春花开、牡丹绽放的富贵满堂图样。母亲的针线盒里，总是放满各种针线，还有一本又旧又大的画报，画报里收着她当年不知从哪里剪下来的图和描下来的针织样品。在我的记忆里，母亲总是一直忙碌着，很少见到母亲的手是空着、闲着的。只要闲下来，手边必然有针针线线。那些年，经过母亲的手，那些线，在与针的不停对话中，变成了全家人身上的温暖，枕上的故事，脚下的踏实。

母亲是地地道道的农村妇女，没有什么文化，只认得自己的名字。但她对儿女要求很严。坦率地说，母亲算不上慈母，儿女一旦犯错，该打就打，该骂就骂："宠狗上灶，宠儿不孝。""瓜藤靠牵，小孩靠引。"

记得我六七岁时，经不住甜蜜的诱惑，偷摘了别人家地里一个香瓜。母亲对我一顿饱揍后训导道："偷个鸡蛋吃不饱，一个臭名背到老。"就连馋嘴吃邻居的一个玉米馒头、接了别人一块糖果，母亲也要训斥一番："要的糖不甜，要的醋不酸。"

上学后，母亲又天天在我耳边念叨："学问学到肚，老鼠偷不走。"

再后来我当教师了，母亲常常给我敲边鼓，让我把书教好，还教导我怎样为人处世："亲戚讨巧不走条，朋友讨巧两拉倒。"

母亲弥留之际，我和其余姊妹都在她的身边哀哭，孙子、孙女也都在她的床前挥泪。友邻劝我们节哀，说母亲有我们孝顺，知足了，何况我们都尽力了！说实话，姊妹八人中，只有我没有尽到孝心。

母亲故去了，我已是一个"无家"可归的人了。再回老家，固然有姊妹的热情接待，但那终归是在"走亲戚"，而不再是"回老家"。母亲在哪儿，家就在哪儿，失去母亲的损失是永远无法弥补的。

6

也说饭局

2012年12月20日　星期四　阴转小雨

最近，我的饭局比较多，今天晚上就参加完一个饭局才回到宿舍。明天晚上还有一个饭局。没办法，说不定一连几天天天有，说不定从哪天起一个也没有。按理说饭局多不好，影响工作，影响休息，影响身体，甚至容易违反纪律。我希望越少越好，没有更好。

“自笑平生为口忙，朝朝事业总荒唐。许多世上辛酸味，都在车尘马足旁。”此乃清人吾庐孺所作的《饭局》。自古以来，饭局在中国经久不衰。告子曰：“食色，性也。”可见，吃饭是人之为人的第一要紧事。

饭局一词由来已久，据说是源于宋代。“局”本是下棋术语，引申出“情势、处境”之意，后来又引申出“赌博、聚会、圈套”的意思。两千多年来，历朝历代都有过不同的饭局，最为经典的有：项羽为刘邦设的鸿门宴，只可惜项王错失时机，终致乌江自刎。曹操与刘备的煮酒论英雄，在酒宴中虽有惺惺相惜之意，但更多的是互相提防。最让人惊叹的是“杯酒释兵权”之宴，宋太祖赵匡胤将疑心和欲望聚于一身，仅凭杯酒竟让大臣们乖乖交出手中的兵权，从而奠定了赵宋三百年统治的基础。康熙和乾隆都曾大摆千叟宴，为的是弘扬康乾盛世的百年佳话。可以说，自古至今从不缺少饭局，尽管名目不同，但目的相差无多，都是主办者希望通过饭局达到吃饭表意之外的目的。

可见，饭局不仅是为了吃饭，还为了会友、叙情、说事、商洽和攀附升迁。透过一个人饭局的多寡，还能看出他社会地位的高低、经济实力的强弱、交际圈子的宽窄、人际关系的好坏等诸多情况。如果一天一个饭局，那他应该是个喜欢交往的人；如果一天两个饭局，那他没准儿是个地道的商人；如果一天三个饭局，那他八成是个有地位有权势能办大事的人；如果一天 N 个饭局，那他极有可能是某个餐厅的服务员。

在人脉“关系”、社会资源越来越被看重的今天，饭局的桥梁作用越发凸显。面对这样的饭局，我们更应该合理参与。

7

逼你成功

2013年1月11日　星期五　多云

学校有很多非常敬业的教师，每天跑进跑出，很忙。

在笃学楼前碰到一位，我问他："你在忙什么呢，又是为谁忙啊？"他先愣了一下，接着笑笑，说："我也不知道为谁忙，只觉得背着一个好大好大的包袱，每天拼命向前冲。"

"难道不是为了自己的目标和理想，在努力往前冲吗？"我提醒他。

他说："没错啊，我是在追求自己的目标和理想。想想，一个人一旦没有了目标和理想，又怎么可能成功？"

就这样，我和他都急匆匆地走开了。

我就是一个"会逼教师"的校长。

教师找我要求外出学习的时候，我当然同意并提醒他们注意安全，生活上不要委屈自己，回来跟我谈体会，因为我发现当他们得到了我的关心还花了令他们心疼的钱之后，他们就不会轻易放弃。然后他们工作就会越来越努力。除了我"逼"，他们也自己逼自己，从而不断取得进步。学校许多教师在县级以上基本功比赛中获奖，都是这"内外相逼"的功劳。

不过，逼教师的校长，何尝没有逼自己？为了让教师每周都能见到校长的新作品，我以身作则，坚持学习，认真思考，努力做出更多的成绩。

写文章也是如此。其实，哪个成功的作家没有被逼？他被报社、出版社的人逼，也被他自己逼。读者逼编辑，编辑逼作家，作家逼自己。多少惊人的作品就这样诞生了。

如果你问金庸："你这些武侠巨著是怎么写成的？"他很可能回答："报社连载逼出来的。"你再问："如果没有报社逼，你写得出来吗？"他很可能回答："写得出，但写不了这么多。"

你或许会想，一个人没有目标和理想，逼也没用。这么说，你又错了。

你看过传统的"击鼓催诗"吗？一群诗人聚会，有人出题：几言诗，什么韵，咏什么题材。题目才喊出来，就开始击鼓，起初慢慢地一声一声击，然后愈击愈快，只见一个个平常潇洒风流的诗人，急得抓耳挠腮、满脸通红，一个月也写不出来的诗，随着鼓声居然写出来了。这不是被逼的吗？

或许你没见过击鼓催诗，但你总读过王羲之的《兰亭集序》吧。一群文人在兰亭"流觞曲水"，那是一条弯弯的水流，大家沿着水边坐下，从上游送下一盏盏盛着酒的小杯子，流到谁面前，谁就得饮酒作诗。这难道不是一种逼吗？《兰亭集序》如此名作竟也是在这种"逼"之下诞生的。

再想想，王勃的《滕王阁序》是怎么写成的？当时骚客群集，各呈文才，王勃写一句，仆人通报给主人一句。王勃那天若是不去，去了若是没有人逼他写，还会有如此不朽的《滕王阁序》吗？

"逼"，是长了脚的一口田。"一口田"得了神的保佑，是"福"。"一口田"上面加个屋顶，表示有房有田，是"富"。

所幸世界上有"逼"这件事，我们才能超越自己，完成超出自己能力的事。《孟子》中有这么一段话："故天将降大任于是人也，必先苦其心志，劳其筋骨，饿其体肤，空乏其身，行拂乱其所为，所以动心忍性，增益其所不能。"这段话说的不就是"逼你成功"吗？

8

乡村教育期待人性关爱

2013 年 6 月 26 日　星期三　阴转多云

家中有事，请假回到老家。午饭前走访乡邻，半数锁了门，人走房空，在家的多是老人和小孩。中青年人，无论男女，几乎都到外地打工去了。西邻一家四口，男人在安徽砀山烧窑，女人在苏州做服装，儿子在连云港某宾馆当服务员，女儿在乡初级中学读初一并住校，周末和假期去她外婆家。另一家，父母都在深圳打工，兄妹俩平时跟爷爷奶奶生活，哥哥在县城读高中，几个星期回家一次，妹妹在乡中心小学读五年级，早出晚归。村小的学生越来越少了，慢慢地，两村合一校，又三村合一校，还只有一至三年级。

邻家的婶子说："都进城去打工，多数是'妻离子散'，吃一碗艰苦饭。"我听了这话，先是惊愕，细想，又默然。她说的是实情，多数情况如此。乡村教育，是否得讲点人性关爱呢？

一个家庭长期"妻离子散"，即使算不上不幸，也称不上美满。现在通信发达，几乎人人有手机，但那也只能简单交流信息，代替不了共同生活的相亲相爱，弥补不了家庭情趣的缺失。孩子长期与父母分离，爷爷奶奶多溺爱，养可以，教不足，留下的遗憾也无法弥补。留守儿童的教育问题，应引起全社会的共同关注。

乡村教育期待更多的人性关爱。教育公平，任重而道远，需要全社会从多方面来共同努力。

9

“笨人”的人品

2013年10月18日 星期五 多云

下午放学后巡视校园，校园里格外清静。看到清洁工孙师傅正在干活，他笨拙地拿着不同的工具，有时冲刷，有时清扫，有时吃力地掏着塞在下水口的垃圾。我心疼他，就帮他一起干了一会儿。他这十分较真的“笨”，干活时的笨拙，让我肃然起敬。

亲戚所在的医院，有个做杂活的老护工，因为傻干，赢得了病人家属的赞誉：“我们做儿女的，还不如您伺候得好。您有什么要求？我们都满足您。”这位老护工是一个下岗女工，她非常需要钱，可她拒绝了。好多人说她傻，她却说：“我不想要恩赐。”

曾记得这样一个故事：有两名小学生，为打羽毛球，把礼堂的一百多张长凳搬开，打完球再归位，每天如此。同学们笑他俩笨。可后来，他俩却成了羽毛球国手。搬长凳是辛苦，却把风雨天不能在室外练球的苦恼摆平了，让天天练球的愿望得以实现。

“笨人”的“笨”，有时候是一种优良道德品质的体现。遇到“笨人”，不要笑话人家。“笨人”有他生存、发展的道理。现在不少人都学“聪明”了，“笨人”就有些稀缺了。“以笨为贵”的时代，还把自己当成聪明人，可能才是最笨的。

“笨人”,骨子里往往是实诚。那是干的样子,那是苦的姿态。如果世上人人都这么聪明着,恐怕就要坏事了。“笨人”坚持用聪明人难以理解的方式过着日子,心里舒坦,他们用不怕吃苦受累的方法,走自己的路。

一个人,来到世上,哪有不吃苦受累的。只是有的人吃苦受累得多,得到的少,但这怎么能说人家笨呢?可贵的是,他们心里并不叫苦。如果自诩为聪明的人,还不明白这个道理,又怎么能说自己聪明呢。聪明人算计来算计去,心里常有乌云出没。而那些“笨人”,因为身处低位,心中本来就坚韧,不惧怕什么,即使被再多的灰暗包围,也不过多抱怨,遇到一点儿阳光,就能回以灿烂。

所以时间长了,无论干什么事情,人们还是喜欢“笨人”。“笨人”的人品,一点儿也不比聪明人差。世上大多数人的心向善,“笨人”的心眼少、善味足,谁不喜欢和“笨人”深入交往下去呢?

10

帮穷不帮懒

2013 年 11 月 12 日 星期二 多云

和同事一起到贫困户家里扶贫，同事说，应该帮助穷人，不应该帮助懒人。就这个话题，我们聊了起来。

穷人之所以成为穷人，有着多方面的原因。比如，因病致贫、教育机会受限、掌握的技能不足，等等。

当然，也不能否认有些穷人之所以穷，就是因为懒——懒得学习，懒得干活，懒得开动脑筋，懒得与人打交道，懒到最后，只想从别人那里获得施舍，却不愿意用自己的力气去谋生。在这样的懒人中，有些人的欲望很小，只要能够维持基本的生存，就心满意足了。有些人的欲望很大，自己不肯努力，却总喜欢怨天尤人，来自别人或政府部门的帮助少了，就会不停地抱怨，甚至做一些违法乱纪的事。

一个社会之所以能够维持运转，是因为一方面，绝大多数人不是懒人。而贫穷很多情况下之所以会在两代人之间逆转，是因为绝大多数穷人不会甘于永远贫穷，他们总在不断努力地改变现状。另一方面，懒人也不一定是穷人。“穷人的孩子早当家”这句话，除了说明穷人家的孩子更早自立外，也说明穷人往往为生活所迫，更懂得勤劳对于生活的意义。而一些富家子弟，由于对生活之不易体会不深，也就会成为无所事事的懒人。

如何判断一个人是穷人还是懒人？或者说，用什么样的标准来甄别穷人和懒人？民生政策的最终目的是帮助穷人、不帮助懒人，对穷人和懒人进行甄别，便成了必要且紧迫的事。当然，这里的“懒人”指的其实是又穷又懒的人。

相对来说，穷人比懒人更容易甄别，因为“懒”是很难量化的。比如，以介绍多少次工作而不肯去做作为判断一个人懒与不懒的标准，也有值得商榷之处，因为不去做的原因可能是介绍的工作不适合其个性、能力，而非是懒。

虽然我们总是希望凡事做到完美，但是，任何一种政策都不可能是完美无缺的，都会存在漏洞，都有可能被一些人钻空子。判断一个对弱势群体进行救助的政策是否足够好的标准，不是其是否会被非弱势者钻空子，而是其是否能使尽可能多的弱势者获得救助。或者说，如果无法剔除掉所有的懒人，那么，只要所有的穷人都能得到救助，有少数懒人获得救助则应该被看作一种必须付出的代价。

11

寻找生命的意义

2013 年 12 月 9 日　星期一　小雨转晴

两年前就听到有的教师说没有幸福感,我认为没有好心境就不会幸福。这两天我访谈了一些教师,教师们纷纷诉说自己的不幸福,有的教师在家庭和工作的抉择中煎熬,有的教师在日复一日的工作中忍受,有的教师在新课程改革的"知识更新""终身学习"的理念转变中心碎,有的教师在学生的嘈杂声、同事的议论声、领导的指责声中疲惫,有的教师在付出与得到的运算过程中埋怨……真是不幸的人各有各的不幸啊。

下午的例会不做评论,跟大家分享一个小故事,期待大家在自己的工作中能够寻找到生命的意义。

一个智者说,有一天,烈日炎炎,他路过一片工地,所有人都在汗流浃背地搬砖。他去问第一个人:你在干什么呢?那个人特别没好气地告诉他:你看不见啊,我这不是服苦役——搬砖吗?他又问了第二个人同样的问题,这个人的态度比第一个人要平和很多,他看了看手里的砖头说:我在砌堵墙啊。后来他又去问第三个人,那人脸上一直有一种祥和的光彩,他把手里的砖放下,抬头擦了一把汗,很骄傲地对智者说:你是在问我吗?我在盖一座教堂啊。

这三个人做的事情相同,但他们给出的解读却不同。第一个人把搬砖看作苦役,他关注的是当下的辛苦;第二个人知道自己在砌一堵墙,他关注的是一份薪水或职业,但是他没有更高的追求;第三个人看到眼前的每一块砖、每一滴汗,都与建一座圣殿和教堂有关,他懂得他的所作所为都是有价值的。

“服苦役”“砌堵墙”“盖一座教堂”,同一件事,但不同的人的感受就不同。同样,当教师,有人把教育看作谋生的职业,是为了糊口;而有的人则认为,教育是一项直面生命和提高生命价值的事业,教育中没有什么比生命成长的价值更重要,如果让我选择职业的话,我会选择当教师。后者的境界一下子就比前者的境界高出了许多。

生活中总会发现,有些不满于工作现状的人有这样的感受:如果现在换一个工作,就有可能找到实现自我之路,就会实现自己的理想。真的如此吗?其实,职业或工作本身是不具有意义的,只有通过工作才能体现生命的价值和意义。

说到这,自然会联想到当教师的三种职业境界:第一种教师是经师,严肃、严谨、严格地对待教育教学工作;第二种教师是能师,是具有教育智慧的专家型、研究型教师;第三种教师是人师,有着深厚的文化修养、独特的教学艺术和高尚的人格魅力。

有一句话说得好:把一件简单的事做好就是不简单,把一件平凡的事做好就是不平凡。人是靠精神站立的,也是靠业务行走的。只有在自己的工作中寻找到生命的意义,心中有对教育的信仰和追求,你才能成为能师、人师、好教师。

12

工作也是一种生活

2014年1月9日　星期四　多云转晴

多年不见的同事，今天见面第一句话就是："我又看到了你发表的文章，你还在坚持着自己的习惯。"我笑了笑。他话锋一转："现在，你写文章是不是纯粹因为兴趣？"因为相熟，也就不难知道他的话外音：职称已是中高，职务已是校长，年龄已是五十周岁，晋升无望，还写什么？

身边有的同事看到我有空就看书、记笔记或写文章，经常劝我："不要弄得那么累，还写什么？"也有人颇为不屑："写那些东西有什么用？"在有些人看来，有了时间，就应该去构建关系网或者想办法赚点钱，享受生活，这才是"正道"。面对关系不错的同事，我坦诚地说："所有的事我都可以不做，唯有看书、记笔记和写文章，我不会放弃。"对我来说，教书、管理学校、看书、记笔记、写文章就是我的全部。

同事的话，使我想起了一个故事：年事已高的老僧，依旧毫不间断地天天早起，在晨曦中晒菜干。信徒问他："师父多大年纪了？""77岁了。""那该享享清福，干吗那么累呢？"老僧很幽默地说："因为我存在。""那也不必在太阳底下干活呀？""因为太阳也存在。""你说的是做一天和尚撞一天钟？""不，你当它是工作，我当它是生活。"老僧把存在、做事、生活已融为一体。

因为我存在，所以要去做事，做事就是生活。但做什么样的事才是生活？这是我们应该思考的。有的教师为升职、晋级而拼搏，成功者沾沾自喜，无望者得过且过。有的教师向往灯红酒绿的人生，渴望前呼后拥的感觉，羡慕台上的春风得意、居高临下的威严，却总用不屑、歧视的眼光看待自己的教育工作，厌烦那种时常充满吵闹声，天天忙着备课、上课、批改作业的枯燥乏味的教育生活，内心有太多的渴望与冲动，只要有机会，就想脱离"苦海"。魏书生曾反复提醒我们：不要用歧视的眼光看待自己和别人的行业，也不要用攀比的眼光看待自己和别人的行业，守住自己的核心价值观，享受自己尽责任的快乐和幸福，这样，内心世界就安宁了。

七十七岁的老僧在做事中体现自己存在的价值，坚守自己心中的那份宁静。在教育生涯中，不能过分夸大自己的价值，但也不能漠视自己的存在。在教书、管理学校、看书、记笔记、写文章中体现自己的存在，这就是生活，也是一种行走方式。在这种生活的行走中，坚守宁静，体验快乐。

13

大学里的树

2014年5月15日　星期四　晴转多云

南京师范大学随园校区里，有许多高大的法国梧桐树。今天，我来南京出差，又特意来到几年前参加本科函授的南京师范大学随园校区走走。这个时候的法国梧桐树，叶子初长成，叶络碧碧，叶色青青。有历史的大学，都有高大的树。沿着树岔枝丫向上的方向，是一棵树生长的方向。此时我心里想，多看看这些树，几年前第一次走进这个校园报到学习，这些树早已站在这里。毕业几年了，这些树还留在这儿。

在中国的许多大学里，都有美丽的树。

季羡林说北大的树："浓绿的松柏，淡绿的杨柳，大叶的杨树，小叶的槐树，成行并列，相映成趣。"

女作家宗璞长期居住在燕园里，她在《丁香结》中说："最好的是图书馆北面的丁香三角地，种有十数棵白丁香和紫丁香。月光下白的潇洒，紫的朦胧，还有淡淡的幽雅的甜香。"

有人总结"北大最美的十棵树"：三角地的柿子林、西门南华表的银杏、临湖轩的竹子、未名湖东南角上的高柳、正南门主路两旁的槐树……尤其是那棵，"西门东望右华表处的巨大银杏。这么个轩楼朱阁，天圆地方的庄严所在，一般树木根本压不住氛围，也真亏了这棵银杏生得天庭饱满，地阁方圆，枝雄干壮，外秀慧中”。

一种树，或一种植物，是一所大学的味道。那种古旧味道，应该是大学才有的味道。

若干年前，也是出差，到东南大学。朦胧的夜色下，一幢老旧建筑，缀满茂密的爬山虎。这样一种攀缘植物，因势赋形，勾勒出一座塔楼的轮廓。不远处的礼堂，传来优美的钢琴声，在光影下听起来，有沧桑的凉意。

大学本来就是空气清新的地方，离世俗混沌较远。这些生机勃发的树，线条饱满，枝与叶，呈河流的奔射状，仿佛能听到汁液潺潺流动的声响。在大学安静的浓荫下读书，是一件多么幸福的事情。这些天南海北的年轻人，坐在一棵亭亭如华盖的树下，听着叶子絮语，枝头鸟雀的欢鸣，邂逅一张石凳上的浪漫爱情。这样的场景，忽明忽暗，布满绿莹莹的校园天空。到了秋天，叶落缤纷，风中的年轻人，夹一本书，走在弯弯的、落满树叶的坡道上，脚下发出噗然的飒飒声响，这样一种姿势和声响，是只有在大学才有的优雅。

高大浓密的树，是校园的一部分。钢筋水泥，可以在一两年内速成一座新的大学城，然而这些高大茂盛的树与历史的底蕴却是这些钢筋水泥无法建造的。仰望这些高大的树，从枝叶缝隙间筛落的，是岁月的流光。

生命如一棵树，长满树叶，堆满生机。

14

作为教师，我很幸福

2014年9月10日　星期三　阴转多云

每年教师节，我都会收到不少贺卡和短信。

晚饭后细细翻看这几天收到的贺卡，眼睛有些湿润。贺卡上写的每一个故事——一堂课、一句话、一个眼神，很多我已没有印象，但还记得他们的名字。我想让学生记住，小学和初中阶段学会独立思考、独立判断、独立解决问题很重要。我希望学生们努力去做严谨的人，做大气的人。

读完贺卡再翻看手机短信。

有一个学生今天发来了祝福短信："钟老师，您是我上学以来遇到的所有老师中最严厉、最负责任的，也是对我影响最大的。虽然现在您可能已不认识我，我也远算不上是您所教过的学生中优秀的，但我想说，是您的严厉让我树立了信心，谢谢您！祝身体健康，工作顺利，教师节快乐！您的学生，李峰。"我记得这个学生，可真不知道我有那么严厉。我在脑海中使劲搜索着与他有关的画面，只隐约想起有次他问我问题，我让他先把概念理解清楚，语气有些严肃。我很欣慰，他没有被"严厉"吓住。

"老师好，提前祝您教师节快乐！很幸运在小学就能遇到像您这样的老师。您上课跟我们说，'当你不知道现在学习有什么意义而必须学习时，就学吧，以后总会知道'。这句话让我在迷茫时可以安心学习，真的很谢谢老师!”这是另外一个学生昨天发来的短信，其实这句话我是说给另外几个学生听的。当时，有几个学生总是一脸倦容，不是对着黑板发呆，就是趴在课桌上睡觉，我心里着急，即使困惑也不该如此浪费时间。每个学生都会有成长的烦恼，有的在迷茫中一蹶不振，有的在迷茫中学会思考。从小到大，我们没少给学生灌输大道理，但恰恰可能是不经意的一句提醒让困惑中的他们看到了转机。

“钟老师，谢谢您在我低谷的时候一直鼓励我、帮助我，让我慢慢从困难中走出来了。祝您教师节快乐!”这条短信是前天收到的，是一个学生近几年发来的最短的一条。他的信息常常有一二百字，或是讨论数学问题，或是寻找学习方法，或是诉说人生的困惑和苦恼。他说，那几年一直在“烦”我。确实，在他初中的那几年，每次课间休息，他都有问题来“烦”我。他说自己是个“笨学生”，但几个学期下来，他是班里数学知识学得最扎实的一个。其实，我很感谢他的信任，跟我分享他成长中的困惑和不安。感谢他的努力奋进，让我看到年轻一代的活力和希望。

这一刻，作为教师，我很幸福。当然，这样的礼物、这样的时刻每年都有。

每个学生都在以自己的方式努力成长。作为教师，我们能给予他们什么呢？也许在某个阶段、某个时刻，学生最需要的，是来自我们的一句肯定、一声鼓励、一点信任、一些引导。所谓“师者，传道授业解惑也”，我及格了吗？作为教师，需要常常这样问自己。得到了学生的肯定，那才是我们最大的幸福。

15

“稻草定律”不成立

2015 年 1 月 27 日　星期二　多云

今天朋友圈里流传一篇关于“稻草定律”的文章，说路边的一根稻草如果没人搭理，它永远是一根稻草；用它捆绑了白菜，身价就与白菜一样；拿去捆绑螃蟹，身价就与螃蟹一样。这篇文章最后说：“人的身价就像一根稻草，与自身无关，就看你与谁捆绑在一起，结交什么档次的朋友，具备了什么样的背景。人生之旅就像搭上什么类型的火车，就享受什么样的速度。”

可我恰恰不觉得“稻草定律”是人生值得借鉴的宝典，相信绝大多数人都知道这个“稻草定律”不成立。

稻草什么时候都是稻草，螃蟹什么时候都是螃蟹。稻草不要以攀龙附凤来提升自己的身价，稻草的价值在于它是孕育稻米成长的场所，即便结束了自己有用的生命，沦为道路边的“废草”，它也不会遭到鄙夷。不要以为“卖上个好价钱”就尊贵了。攀龙附凤之后的自恋、得意才让人耻笑。

“稻草定律”最可怕的是，它主张的价值观是不怕平庸，就怕你不会经营自己。因为成为稻草并不可怕，可怕的是不能与“高贵者”捆绑。所以，现在有的女孩说“干得好，不如嫁得好”，有的男孩说“有才华不如有学历，有学历不如有背景”。这种甘为“稻草”的人生行事心态，必然导致更多的人成为“稻草”。可是，如果稻草多了，白菜、螃蟹少了，稻草去捆绑谁？稻草的命运只能是稻草捆绑稻草，那不就是一捆捆的草包聚堆了吗？

“稻草定律”不可取。弱者一旦知道了自己的平庸，就不再追求人格的独立与尊严了，而是把自己捆绑在强者的战车之上，能“货与帝王家”的就为仕，不能“登堂入室”者就算去闯荡江湖也要找个“老大”当靠山，好狐假虎威。

姜子牙捆绑了周文王，诸葛亮捆绑了刘备，姜、诸葛二人因此跟随圣明君主得以大显才华。姜子牙、诸葛亮虽然隐居山野，可他们压根儿就不是稻草呀！人类社会不是卖白菜、螃蟹的农贸市场，人的价值还是自身的素质决定一切，把命运捆绑在别人的身上就如买彩票，中奖的总是有，但不一定就是你。

16

失业的手艺人

2015年2月4日 星期三 晴

大楼曾经是一个乡，现在是青阳镇的一个社区。这里距离泗洪县城大约7公里，1986年8月至1999年7月，我先后在大楼乡朱庄小学和中心小学工作了整整十三年。朱湖镇位于大楼东北方向大约8公里处，最近这三年，我在朱湖实验学校工作，从县城到朱湖一般要路过大楼。

二十九年前，我刚到大楼乡朱庄小学工作的时候，大楼街上这家"白铁皮店"就开在这里了。一个永远穿着灰黑色外套、沉默寡言的师傅，每天拿着锤子在"叮叮咚咚"地敲打，店面里挂满了铁皮盆子、勺子、管道……我认识他，但不知道他的大名。

就在这个冬天，这家店休业了。还是那个师傅，站在门口，兜售他用白铁皮敲打出来的各种生活用具。他背后的店里，几个花枝招展的姑娘在指挥两个农民工打扫卫生，说是要开一家美甲店。

二十九年了，不知多少次路过，从来没有停下来交流过。但在今天这个起风的下午，我坐同事的车从学校往县城去，同事在这附近有事，我也停住了脚步。

"这店不开了吗？"

"不开了，没生意，房租也贵。现在日用品店里塑料制品、不锈钢制品比我这便宜，真的开不下去了。”

我也接不上话来，对他笑笑，走开了。

看上去，这个师傅已有六十开外的年纪。这应该是他这辈子唯一的一份工作，也是一门手艺。

本来有一门手艺，可以守着它终老。可是现在不行了，那些技术高超的桶匠、木匠……因为机器化大生产时代的到来，几乎在一夜之间都失业了。

在我老家有一个从业四十多年的木匠亲戚，他可以徒手在木头上雕出一朵兰花，但从好几年前开始，他就失业在家。儿子造新房子，他自告奋勇要求新居里的所有家具由他来打造，可是他儿子断然拒绝。因为家具市场里成套的家具价格很便宜，样式也比他做得更美观更时尚。

这个老木匠再也无话可说。

每一个人在这个时代里，都有可能一脚踏空。“从一而终”的职业选择，已经越来越受到挑战。原先一个技术工人，在岗位上待的时间越久越值钱、越受人尊重。但现在不好说了，因为变化无时无刻不在发生，世界在变，你若不变化，你也许就要被淘汰了。

这是一场类似于地壳造山的运动，能量巨大，无坚不摧，原先稳定的板块正在解构，新的山脉正在隆起，沧海正在酝酿桑田，桑田正在酝酿沧海，一切皆有可能。每一块石头、每一块泥土，不再属于哪个板块，它们全部获得了自由。

写新概念作文的韩寒，转型当了赛车手，竟然拿了十多个冠军，然后当起了导演，电影票房竟然十分可观；英语教师罗永浩转身进入了 IT 行业，造出了手机；当了多年二线歌手的黄渤，舍弃了本行演起了电影，竟然成了中国电影票房之王……

有一个故事：一个在岗位上兢兢业业干了二十年的老员工，看到新人不断晋升，他愤愤不平地找到总经理，说，“比起年轻人，我有二十年的工作经验”。总经理一声叹息，说：“问题也就在这里，你有二十年的工作经验，但你

却把这个经验用了二十年。”

这实在是一个经典的故事。

我从教已经三十五年，刚好经历了改革开放后中国变化气象万千的各段历程。这三十五年，我身不由己走过了八个乡镇十多个岗位。我在不断地迭代中转换，总是在一次次的试错中得到全新的“知识”，在重重的压力之下，逼着自己不断审视、看清这个世界，我非常累，也身不由己。

在内心深处，我还是喜欢那位敲铁皮的师傅或是那位老木匠，他们能用一生的时间，去干一件自己喜欢的事情。

17

加强教师队伍建设

2015 年 3 月 9 日　星期一　多云转阴

今天有一位教师来找我倾诉:“我是个平凡的教师,工作十多年了,还是中学二级教师。近来,因为职称问题闷闷不乐了好久。在此之前,我觉得评职称大有希望,便写了许多论文,都是教育教学方面的,多数发表在市级刊物上。满怀希望地等着职称评定工作的开始,年前盼着学校给个准信儿,领导说要等上级通知。过完年再问,领导说我继续教育的学时不够,而且要根据岗位设岗,学校没有岗位,还是不能评中学一级职称。看着努力白费,想想评职称无望,我就像泄了气的皮球,顿觉失意落寞极了。在工作中,我不善于和领导沟通,与年轻的同事又有代沟,工作非常不顺利。不说和我年龄相仿的同事大多早已获得了提拔,就连年轻的教师也走在我的前面,而自己还是一个普通教师,我的心里一直很不平衡。上学期,由于我所带班级的学生成绩不理想,所以年度考核没有其他教师好,也就失去了评优评先的资格,这让我很是郁闷,觉得上学期做的工作不被大家认可,都白做了。扪心自问,我的工作是努力的,我一直想通过努力创造不平凡的业绩,创造自己不平凡的人生。可是,我的努力好像都白费了。我曾经也读过一些励志的书,以激励自己。但是,每天醒来,发现我还是原来的我,还得面对紧张却看不到前途的工作时,立刻变得沮丧起来……”

表面看来，这位教师的沮丧抑郁，是因为职称评定工作不顺利，对获得的待遇不满意。但这一现象背后，反映的却是我们学校在教师队伍建设方面的工作还有待加强。

近年来，在各级党委政府的高度重视和全社会的关心支持下，中小学教师队伍建设已经取得了新的突破和进展。但是，我们也应该清醒地看到，目前我们的教师队伍建设面临不少问题和困难，比如教师继续教育体系不完备、水平参差不齐。在培训目标方面，存在着重学历提高，轻能力培养；重知识传授，轻师德提高；重不合格学历教师的继续教育，轻合格学历教师的继续教育等。这在很大程度上影响了教师参加继续教育的主动性和积极性，使得大多数教师把参加继续教育看作是不得已而尽的义务。因而，教师虽然参加了继续教育，但其教育教学能力并没有明显提升，更谈不上能够有效指导学生学习了。

因此，学校应加强教师队伍建设，有效提高教师的教育教学能力和科研能力，实实在在帮助教师完成职称评定工作。

18

做人要低调

2015 年 4 月 1 日　星期三　阴

早上六点左右，我从泗洪县城北边三里庄车站乘坐龙集车队公交车去学校上班。路上听着一起坐车的其他乡镇机关工作人员在大声议论政事，有褒有贬，还都很高调。我听着觉得很好笑。

真正有大智慧和大才华的人，必定是低调的人。正所谓，大智慧大智若愚，大才华朴实无华。

有这样一个故事：①

南美独立战争期间的一个冬天，在某兵营的一个工地上，一位班长正指挥几个士兵安装一根大梁："加油，孩子们！大梁已经动了，再使把劲儿，加油！"

这时，一个衣着朴素的军官路过这里，见班长这个架势便问他："你为什么不和大家一起动手呢？"

"先生，我是班长！"班长骄傲地回答。

"噢，你是班长……"军官说了一声，立即下马，和士兵一起干了起来。

大梁装好后，军官对班长说："班长先生，如果您还有什么同样的任务，

① 宿文渊. 别让太较真误了你[M]. 北京：中国华侨出版社，2015：175.

并且需要人手的话，您尽管吩咐本司令好了，我会帮助您的士兵的。”

班长顿时愣住了。原来这位军官就是南美独立战争的著名领袖和统帅——西蒙·玻利瓦尔。

西蒙·玻利瓦尔崇尚的正是一种低调人生。在人类历史上，像西蒙·玻利瓦尔这样的事例不胜枚举。低调似乎是世界上很多名人所采取的一种共同的人生态度。

从教师行业来看，教师也应采取低调的人生态度。教书育人应成为教师的自觉追求。作为教师，应该认真思考以什么样的姿态站立在讲台上，给自己的学生留下什么样的记忆。教师应该有强烈的责任感，切实履行自己的职责。

有句话说：把自己当作泥土吧，老是把自己当作珍珠，就时时有被埋没的痛苦。在很多时候，高调是毫无意义的，不但不能改变别人的立场，反而会把自己逼上绝路。一个明智的人应该学会用间接的方式证明自己想法的正确性，话不说满，事不做绝，做人要低调。要有自知之明，清楚意识到自己能力有限，赢者并不能也不该通吃；要有自我约束，心中有道德律令，脚下有不可踩的底线，有所不为的念头清晰通透；还要有对自我价值的恰当肯定，明白平平淡淡和庸庸碌碌并不是一回事，成就和成功也并不一定重合。做好这样的低调人，其实也不简单了。

19

造电脑与修电脑

2015年6月12日　星期五　晴转多云

参加同事儿子的五岁生日晚宴，蛋糕摆好，蜡烛点上，我的这位同事问儿子："说说看，你长大想做什么？"儿子一脸正经地说："当师傅，修电脑！"我的这位同事有点失望，但还是对儿子循循善诱："你就不想上大学以后造电脑？"儿子想了想，说："想！"这位朋友喜不自禁，连忙问道："上完大学你想做什么呢？"儿子不假思索，认真地说："当师傅，修电脑！"大人们差点晕倒。

毋庸讳言，我的这位同事希望儿子上大学造电脑而不是上职业学校修电脑，这是中国家长的普遍心态，折射出当今社会的价值观。素质教育为何难以推进？职业教育为何步履蹒跚？追根溯源，就是这种心态和价值观作怪。

按照教育规律，完成义务教育，学生应当分流。一部分学生上普通高中，将来考大学；另一部分学生上职业高中或中专，毕业后直接就业或上高等职业院校。只要教得好、学得好，这两类学生都能成为社会需要的有用人才。如车之两轮、鸟之两翼，这两类人才都不可或缺。

然而，社会对职业教育一直有偏见。挤高考"独木桥"几乎是学生和家长的必然选择，而接受职业教育似乎是无奈之举。当有识之士为职业教育

大声疾呼时，有人会反驳说：站着说话不嫌腰疼，你们的孩子怎么不上职业学校？

是中国的职业教育不争气吗？不是！且不说中等职业教育年招生规模已超过800万人，高等职业院校数和在校生人数都已占高等教育的半壁江山，仅从就业率这个硬指标来看，职业教育也可圈可点：全国中职学生平均就业率近年来一直保持在94%以上，全国高职学生就业率几年来节节攀升，2010年达到69%，全国百所示范高职院校平均就业率高达96%。

上职业院校低人一等吗？当然不！职业教育本来就是面向大众的教育、面向就业的教育。正如黄炎培所说："使无业者有业，使有业者乐业。"在前不久举行的"百所名高职与百家名企业"合作发展论坛上，选才用人一向挑剔的知名企业负责人感叹："大学生觉得工作难找，企业则感到人才难招。"如何解决这一矛盾？校企合作，供需接轨，把车间搬到学校，把培训办到企业，这样培养出来的人才会"畅销"。

一位企业家和大学生谈起自己的经历：大学生毕业找工作，找了几十家大企业，全吃了闭门羹，后来只好从小公司干起。而他的一位上职业高中的"发小"，没毕业就被一家跨国公司录用了。原因很简单，这位"发小"学到的是实用的技术。

望子成龙没有错。可究竟什么是"成龙"？上大学造电脑还是上职业学校修电脑？谁能判定呢？

20

请慎用“后果自负”

2015 年 6 月 17 日　星期三　小雨转多云

小雨过后，学校传达室门外挂着一块写满粉笔字的小黑板，我仔细看了看，才知道是一份要求教师必须于明天上午上交最高学历证书的通知。可能是为了引起教师重视，该通知最后还特意加上了“后果自负”几个字，落款“校长室”。看完这份通知，我心里很难过。

“后果自负”，体现了管理方法的简单。作为管理者，既要教师完成工作，又担心教师不把事放在心上导致完不成任务，从而麻烦自己，连累自己。怎么办？那就和教师划清界限，警告、吓唬教师，你不完成任务你就“后果自负”。管理者自己却不想想，除了警告、吓唬是否还有更好的办法？譬如上交最高学历证书的事，完全可以把通知写得风趣一点，有人情味一点，如“明天您如果不想多跑一趟路，请记着把最高学历证书带来”或是“明天要交最高学历证书了，您记住了吗”或是在明天上午临近上班的时间，由负责收集教师最高学历证书的同志给教师们群发一条短信“要交的最高学历证书，您准备带来了吗”。如此处理，岂不比“后果自负”的警告、吓唬要好得多？

“后果自负”，体现人文关怀的缺失。要想让教师对学生关怀备至，学校的管理者就应该先对教师充满人文关怀，以爱激爱。“后果自负”的背后，体现的是学校管理者对教师极大的不信任，对教师切身利益的漠然，反映出的

是一种冷冰冰的公事公办的态度，是一种只见制度不见人的居高临下的管理作风。说白了，“后果自负”的实质就是管理者为自己工作不到位而造成的后果寻找了一个推卸责任的借口。

“后果”真的可以完全由教师“自负”吗？许多事例证明，无论是对教师、家长还是学生，在学校做出这样的声明后，真的发生了什么事，该由学校来承担的责任，还得由学校来承担，并不因为学校做过这样的声明就可以不承担责任或少承担责任。可见，“后果自负”的声明也并不具有法律效力。

严肃、严格、严厉是东方文化背景下的管理风格。现在，不少学校管理者以严肃的神情出现在教师面前，总觉得只有一本正经、不苟言笑，才能树起威信，才像个管理者。其实，学校管理者在工作中敢于表达自己的真实情感，更能得到教师的信赖，更能与教师产生有效的沟通。如此，真实有人情味的学校管理者才能真正成为教师的朋友，才能与教师建立平等而真诚的友谊，才能与教师形成良性互动。

21

得理饶人是美德

2015年9月30日　星期三　小雨

中午放学时，我在学校门外送师生。学校门外发生的一幕，让我好生愤慨。一个中年男子从学校对面小店里拿着一包香烟匆忙出来，正巧与一位推着自行车的老人相遇，自行车的前轮擦到了中年男子的裤管，蹭上了一些泥水。老人连声道歉：“对不起，对不起。”中年男子却不依不饶，手指着老人的脑袋呵斥：“‘对不起’顶个屁用，给我擦掉！”老人掏出手帕，默默躬下腰，给中年男子擦掉了裤管上的泥，中年男子瞅着，嘴里还狠狠地说着不干不净的话。此时，这里的学生和家长已经很多了，中年男子在众人的谴责下仓皇逃开。

这个中年男子，真的好不懂事！你的裤子被人碰脏了，你是占理的，是受“伤害”者，事情再小也是伤害，权当伤害吧，不就是裤管被人弄上了一点泥水吗？人家已经给你赔不是了，你得理不饶人，于是走向了反面，成了“欺人太甚”之徒。足见其缺乏修养，道德低下。

得理不饶人的事，社会上并不鲜见，媒体常有披露。近日看到报纸上报道修鞋老人在给一个妇女修鞋时，不小心将胶水滴了一点在鞋面上，妇女硬是要老人赔100元钱，老人跪下求饶，妇女也不宽恕，最后还是拿走了老人20元钱，修鞋的手工钱不用说就更不会给了。这个妇女与上述那个中年男

子真是“异曲同工”啊，都是得理不饶人，有理变没理，沦为缺德者，引起公愤。这对于我们每个人来说，都是教训警示。得理饶人是美德，得理不饶人、借题发挥、小题大做、胡搅蛮缠，则是缺德和耻辱。

俗话说，牙与舌头还磕碰呢，甚至有鲜血淋漓的时候。怎么办？难道把牙都撬掉？还不是得不予计较、宽容大度。如果大家一个个像公鸡一般，“斗”字当头，盛气凌人，稍不如意就暴跳如雷，火冒三丈，甚至卷腿捋袖，那哪里还有和谐可谈？做人还是要宽容大度，温良谦让，尤其是在一些非原则性的枝节问题上。

人生在世，谁都不可能孤立生存，总是要与他人接触、相处、依存，在家庭里，在单位里，在街道上，在社交场合，在其他意想不到的地方，熟人也好，陌生人也罢，说不准在什么时候，他人无意识的言语或行为造成了你的不愉快、不称心，抑或某种微不足道的“伤害”，总是难免，亦属正常。人家能说句“对不起”，你还个笑，说句“没关系”，不就完了吗，多好哇，何必斤斤计较，又何必得理不饶人呢？那样只能暴露你自己无德无识，使你成为道德谴责的对象。

22

这样的笑声注定不会长久

2015 年 10 月 27 日　星期二　晴

晚上，我到学校附近的街道看演出。宽阔的街道上“人满为患”，连旁边楼房的“飞机座”都挤满了观众。搞笑的表演，让全场观众爆笑了两个多小时。

这些演员们的演出，确实让我们笑了。但笑过之后，想想那些笑点、那些搞笑的方式，总觉得有些不舒服。这样的笑声不是我们需要的，注定不会长久。

其实，让人发笑并不难。有胳肢人式的，让你不得不笑；有充满智慧和教育意义的，让你会心一笑。对于此间区别，钱钟书老先生早在《说笑》一文中就有过论述，“幽默提倡以后……只添了无数弄笔墨的小花脸。小花脸也使我们笑，但他跟真有幽默者绝然不同。真有幽默的人能笑，我们跟着他笑；假充幽默的小花脸可笑，我们对着他笑”。

说到这，我们似乎就看出了智慧型幽默和“胳肢型”幽默的区别。智慧型幽默让你笑后有回味，甚至还能受到启发教育，值得仔细把玩、揣摩。而“胳肢型”幽默，则直白得很，拿肉麻当有趣。尽管也能让人发笑，但却味同嚼蜡，甚至觉得笑得有点傻。

通俗和低俗的区别，往往就在于“度”的把握，在于能否适可而止，留有

余味。“墙头上跑马还嫌低，面对面坐着还想你”，这样的民间小调是有点俗，但唱到这里就结束了。而今天的演出则超过了“度”，从通俗走向低俗了。

尽管这些演出目前可以说“红遍农村”，但仔细想想，观众们的笑声，更多的是被“胳肢”出来的。如果你一次次地看着有人在舞台上拿自己、拿同伴当猴耍，你还会喜欢么？

缺乏智慧的幽默，不是真正的幽默。真正的幽默，是有思想深度的，关乎人们的心灵，如琼浆美酒，耐人回味。是人们内心滋生的美好与善良，是苦闷之时瞥见夜空中最亮的那颗星，是人与人心灵相通、感同身受的那一瞬间，从来都与低俗搞笑无关，也无法用指标来精准衡量。对这些演员们而言，关键在于提升表演的品位、格调。若提升不了，现在的“火”就是“虚火”。设想一下，如果这些演员的代表作一直停留在男女对唱、模仿作秀这样的层面，几年后，谁还会记得他们？

生活中需要笑声。这些演员们的出现，虽说暂时弥补了空白，但细细品味便会发现，这些缺乏深度的低俗搞笑只能称得上滑稽，如昙花一现，很难让人有再看一次的冲动。而真正的幽默，是能够经得起时间的考验。

23

“成功学”蛊惑普通人

2015年12月4日　星期五　晴转多云

下午在县里开会前逛书店，感受到“成功学”类书籍的火爆。诚然，在中国这样一个正在经历着如此深刻剧变的国家，形形色色“成功者”的不断涌现，就像强效兴奋剂一样，使“向往成功”成为万千国人心中激荡的强烈冲动。因此，大量“成功学”类书籍的应运而生以及持续热销，也就不足为奇了。

粗略翻看这些“成功学”书籍，几乎遵循的都是一个“最好”原则——先假定（或暗示）你能做到，然后告诉你需要做到的事情是什么，却一下子就越过了“如何做到”这个最重要、最根本的环节。正因为如此，这些书都有一个共同的特点——要么就一鼓作气地干到最好，要么就干脆什么也别干；要么就是100，要么就是0；要么你就登珠峰，要么你就干脆在原地待着。

这种“最好”原则其实具有极大的蛊惑性，让谁看都会承认“正确无比”，但是99％的人都会被吓倒在起跑线前。因为这种理论鼓吹的是一种“你要痛下决心，重新做人，来个180度的大转变”的剧变哲学，而这种剧变哲学恰恰是很多人的弱项。对于懒惰成性、墨守成规、因循守旧、拒绝变化的人，你偏偏要在他的耳旁大喊“你要剧变”，无疑是自欺欺人、对牛弹琴之举。

绝大多数人都会在“剧变”两个字面前露怯，裹足不前，难下决心。极少

数人凭着一时的冲动痛下了“剧变”之决心，并勇敢地迈出了第一步，但往往是好景不长，坚持不了多久就败下阵来，难见持续性。马三立先生那段著名的《从明天开始》的相声，就是最传神地表现人这一特性的经典。

“最好”原则的最大问题在于门槛太高，它往往超越了广大“凡人”的能力极限，让绝大多数人“望门兴叹”。因此，只有“次好”原则才是真正有可能让更多的普通人走上相对成功之路的途径。

“次好”原则的核心在于降低门槛，它宣扬的是一种“积小胜为大胜”的理论，即如果做不到 100，能做到 1 也行，因为 1 大于 0；如果登不上珠峰，能登上你家门口的小沙丘也行，因为那也总比原地踏步强……总之，只要你做了点什么，就总比不做强。由于门槛大幅度降低，因此就多了使普通人做到并且坚持的可能性。

总而言之，“最好”原则尽管在表面上打着让所有人都成功，即“普度众生”的旗号，但它最终能够激励并“超度”的，实际上还是少数的，甚至是极个别的精英。只有“次好”原则，才能有效激励更多的人，尽可能地接近“众生”之“普度”这个崇高目标。否则，“成功学”就依然有可能沦为只为少数精英阶层服务的专用工具。

24

感谢陈伏才老师

2015 年 12 月 18 日　星期五　晴

陈伏才老师是我小学一至四年级的老师，教我们语文、音乐、美术和体育。下午他来学校，说是来看看我，我非常激动，我们聊了近两个小时。送走了陈老师，过去的故事一一浮现在我的眼前，清晰、真切，仿佛又回到了四十多年前。其实，陈老师哪是来看我，是来教育我。

难忘陈老师的微笑。1971 年，我刚念一年级时，陈老师不过二十岁出头。瘦高挑儿，大眼睛，尖下颌，头发梳理得极为规整，分向左右的头发从来都是服服帖帖的，没有一根张牙舞爪脱离集体的，一天到晚，乐呵呵的。他目光敏锐，亲切、热情，总是笑着和我们说话。四年中，我只见他发过一次脾气。升入四年级时，班长"执法过度"，上自习课推搡了一位同学，陈老师批评时，班长涨红了脸，犟了一句，陈老师斥责道："你身为班长，怎么可以这样呢？"片刻，陈老师叹了口气，拍拍班长的肩，转身走了。四年，我只见陈老师发过这一次短暂的脾气；四年，微笑只离开过他的脸五分钟。

难忘陈老师教我们写字。陈老师写得一手漂亮的柳体字，还会写美术字。升入三年级后，我们每天上午最后一节课是写字课。先是"仿"，陈老师给我们每个人写一张字，每张 12 个，让我们把纸蒙在上面描。也不过描三四次吧，老师写的字就被洇模糊了。陈老师就再给我们写一张。陈老师不

厌其烦地写,我们不厌其烦地描,一描描了一年。升入四年级,开始“临帖”,每天照着字帖写12个字。陈老师喜欢柳体,我们临的都是柳公权的《玄秘塔碑帖》,一临又是一年。

写得好的字,陈老师会画个红圈,特别好的,画双圈。我们每天为红圈而奋斗。作为孩子,学习动力就是这么简单。我的写字兴趣就是被陈老师的红圈激发出来的。至今,我还能回味出儿时研墨散发出来的墨香。且不说写字的过程让我获得的其他养分,在我的生活里,在我的精神世界里,我至少多了一方完全属于自己的天地,这种感觉不可言喻。这也是我当了教师后,重视写字、希望学生能写一手好字的原因。

说到红圈,又想起了陈老师在我作文本上画的一条条红色波浪线。那醒目的波浪线,永远铭刻在我的脑海里。陈老师很重视作文教学,每周一篇,我们用钢笔书写。陈老师用红墨水钢笔批改,有眉批,有边批,有总批。陈老师画的波浪线一顿一顿的,非常好看。有时几乎画满了全篇。如果说,我的写字兴趣是被陈老师的红圈激发出来的,那么我的作文兴趣则是被陈老师的红波浪线激发出来的。我当了教师以后,深知波浪线的作用,也就从不吝惜红墨水了。

有一年放寒假前,陈老师为考试成绩好的同学画奖状(给多少同学画,记不清了),我的奖状上画了一只蹲在树枝上展翅欲飞的小鸟,然后写了一句勉励的话。我回到家就临摹那只小鸟,居然画得很像。没想到,后来竟喜欢画画了。那时的美术课,陈老师叫我们“随便画”,我们就画自己感兴趣的内容,越画越爱画。那时没有家庭作业,我的课余时间几乎全部用来画画和拉二胡了。而今,我们的学生有多少能根据自己的兴趣,有选择地学习?没有兴趣的学习叫“应付”,被动学习很难挖掘潜能。

忘不了陈老师的音乐课。音乐课上,陈老师教我们唱《东方红》《大海航行靠舵手》《学习雷锋好榜样》《歌唱祖国》等。能教的歌教完了,陈老师便教我们拉二胡,唱泗州戏、黄梅戏。后来发现我唱歌、说相声不错,他又“因材施教”，推荐我到大队文艺宣传队排练节目参加演出。往后的几年，我一边念书，一边随大队文艺宣传队到各生产队演出，两不误。

那时农村学校条件差，只有一片空荡荡的操场。陈老师亲自为我们挖了一个大沙坑。体育课上，陈老师教我们跳高、跳远，还教我们接力跑。至今，陈老师那“剪式跳高”的身影还留在我的脑海里。

课间，沙坑成了男生的摔跤场。陈老师常常站在旁边笑眯眯地看，有时还教我们一手。我的摔跤本领就是在这沙坑里、在家和学校之间干渠的沙滩上练出来的。“文革”后期，父亲被别有用心的人陷害挨斗，有个到小学“造反”的大块头儿中学生想欺负我，挥着拳头向我冲来，被我撂倒在校门口。那男生像《水浒传》里的“洪教头”似地爬起来，头也不抬，悻悻而去。

陈老师还带领我们进行游泳、栽秧(栽水稻)、拾粪(收集牲畜的粪便)等活动。说到“拾粪”，现在还脸红。“庄稼一枝花，全靠粪当家。”升入四年级，陈老师要求我们每天早晨背着粪箕拾粪，然后背到学校，在校门口一字摆开“展览”。晨读后，再把粪箕背回家(那时我们每天先到校晨读，晨读后回家吃早饭，饭后再回校上课)。一年中，我只拾到过两次牛粪，其余都是挖河里的淤泥充数。陈老师说：“淤泥也是好肥料！”

什么是素质教育？素质教育是以全面提高人的基本素质为目的，以尊重人的主体性和主动精神，以人的性格为基础，注重开发人的智慧潜能，注重形成人的健全个性为根本特征的教育。在实施素质教育的过程中，教师发挥着不可估量的作用。陈老师是凭着他的品格、热情、认识、直觉和悟性来从事教育的。我断定陈老师那时没有系统学习过教育学、心理学，更不知何为“素质教育”，他是凭着自己强烈的责任心、出众的才华、渊博的知识和广泛的爱好从事教育并影响着他的学生的。

非常庆幸，在我刚跨进校门的时候，遇到了陈伏才老师。陈老师对我的影响是广泛而深远的。

25

小爷的木犁

2016 年 3 月 16 日　星期三　晴

晚上下班到老家有事，在我的叔兄弟家看到小爷（父亲的弟弟，其实是二叔，老家人管叔叔都喊爷，父亲只有这一个弟弟，我们就喊小爷）曾经用过的木犁，几十年前小爷扶犁耕地的情景便很清晰地浮现在眼前。

这款木犁现在缺少小把手和犁铧，主要架构还算完整。木犁是以牛牵引用于翻土的传统农具，除了犁铧、犁壁为铁制，其余部件均为木制。在 20 世纪 80 年代之前，木犁被广泛地用于农田或旱地的耕作。在两千多年以前的西汉农具图谱中，便有了木犁的记载。它的诞生，足以反映劳动人民的智慧。

在我刚记事的时候，就知道小爷是扶犁耕地的好手。生产队里的那头花牛和黄牛，是小爷手下的“兵”。春耕季节，天还没亮的时候，小爷就套好了牛，拉着木犁下田耕地了。到了上午放学的时候，小爷才会赶着牛回到队屋，给同拉一张木犁的两头牛喂草料。

在小爷的眼中，木犁是生产队的大件农具，小孩子们是不能乱碰的。在他的口中，我知道老牛拉犁耕地，除了木犁之外，配套设施还有牛梭、牛经等等。最有意思的是一头拴在牛鼻子上、一头拽在扶犁人手中的撇绳，它用在马的身上，就叫缰绳了。

小爷扶犁耕地是整个生产队的高手，那技术是无人可比的。一块两三百亩的田地，开始耕作时，需要木犁开墒，之后才能顺着这道墒沟耕地。小爷把上套的两头牛赶到田边，花牛拉正套，黄牛拉偏套，一条笔直的墒沟就耕出来了。过去生产队栽山芋，用木犁耕出山芋垄是有技术含量的，小爷指挥老牛拉犁两三个来回，高度、宽度适中，不会弯曲的山芋垄就形成了。不过，小爷和小娘家境贫寒，加上小爷小娘性格都直爽，心直口快，得罪了生产队队长、会计等干部以及这些干部的亲属。所以，小爷干活多又好，得到的工分并不多甚至比别人还少，小爷经常为此苦恼，但是这些并没有影响他扶犁耕地的积极性。

那年放秋忙假，小爷套牛耕水稻田准备种小麦，两头牛吃力地拉着木犁，深深的水稻田被犁起，耕出来的泥鳅在木犁后乱蹦。我就拎着篮子跟在后面捡，偶尔还能捡到被犁铧铲断的黄鳝。小爷常年是光着脚板扶犁耕地，不知怎的，那两头牛总是听他的话，手里的撇绳就像指挥棒，约束拉犁老牛的行为。我问过小爷，老牛为什么会听他的，小爷说，时间长了，他和牛之间有了默契，手里的撇绳后拉不松，这是停住，上下抖两下是向右转弯，前后拽两下是向左转向。小爷扶犁耕地的时候，肩膀上总是挂个大鞭子，如果牛不肯出力，他会甩起大鞭发出清脆的声音，牛听了就不敢偷懒了。小爷说，鞭子很少打在牛的身上，牛是帮助农民耕作的大牲口，扶犁耕地的人是舍不得打它的。

小爷对我说过，他从十五岁就学会套牛耕地了。在20世纪60年代，他靠农业生产肯出力迎来好口碑。在农村没有实现机耕的时代，小爷年轻力壮。最能体现他扶犁耕地特色的，就是他耕地时喊出的粗犷豪放的耕牛号子。尽管他喊的号子三十多年没有听见了，但是那个曲调我至今还记忆犹新。

“喊号子能提起自己的精神，也是对牛发号施令。打号子的时候，牛自

动就走快了。耕地时大鞭往手里一握，手扶着犁把就开始打号子了。"小爷曾跟我说，耕地喊号子是祖先们留下的习惯，他在很小的时候就学会喊号子了。说来也奇怪，只要小爷喊起号子，那两头牛便规规矩矩、老老实实、一步一步地走在那笔直的犁沟里，身后翻起的是道道新土。

"啊……哈……唔……喔……"农耕号子没有词，也听不出什么韵律。小爷喊着号子，脖子上的青筋暴了起来，看得出他是在用心、用情、用力喊号子。他说，赶牛耕地的号子分好几种，而同一种号子不同的人喊出来也不一样，都有各自的曲调。"赶车、打场和耙地喊的号子都不一样，耙地的和耕地的号子都是随着牛和自己走的脚步快慢喊出来的腔调，号子是一人一个嗓门，一人一个腔调。"小爷说，耕牛号子就像是耕地的人用音乐在指挥着牛的行动。

古代音乐家公明仪曾说过"对牛弹琴"的故事。千百年来，人们受他的影响，都认为牛很笨，是听不懂音乐的，对牛弹琴就是瞎子点灯——白费油。可是，在与牛打了几十年交道的小爷的眼里，牛是有灵性的，牛能听懂号子，牛会踏着号子的节拍，吃力地拉着木犁，从不懈怠。

在我们苏北地区，除去耕牛号子以外，还流行着很多种劳动号子，尤其是打硪的号子更是令人振奋，能够起到解除疲劳的作用。改革开放后，由于社会经济的发展，农业机械化代替了人力作业，人们已经很难听到那悠扬的原生态耕牛号子了，农业的根本出路在于机械化，如今在神州大地上已变为现实。如今的农村，耕牛和以牛耕田的古老作业方式也已成了稀罕事。木犁和锄头、钉耙一样，相对于石器工具，它曾代表着一种先进的生产工具，创造了灿烂的农业文明。但随着人类工业文明的发展，它又代表了一种落后甚至原始的生产力。与之相关的耕牛号子，也反映了千百年来农民艰苦繁重的劳动负担和长期挣扎于贫困之中的窘境。耕牛号子的沉寂以至消失，恰恰反映了历史的进步。

三十年前，和木犁打了大半辈子交道的小爷因病去世了。现在和家族的人说起小爷，大家都忘不了一辈子辛劳的他。小爷的农耕号子饱含着激情与斗志，还有团结合作的精神。随着农业机械化的快速发展，小犁小耙式的农耕模式已经悄悄退出了历史舞台。古老的木犁还在，而流传已久的农耕号子却逐渐被人们遗忘了。

26

学生教育了我

2016 年 4 月 5 日　星期二　阴转小雨

下午课间，我早早地站在教室内讲台前候课。抬头之际看见坐在第二排的张思佳同学拿着一片废纸在认真地剪着，不一会儿，一幅漂亮的剪纸展现在我的面前。笑容溢满了她的小脸。想着她刚才的娴熟劲儿，我便有了向她请教的冲动。我走上前问道："你好！能教教我吗？"她显得很兴奋。"能！"她爽快地答应了。然后便耐心地教我剪，当我不明白的时候，她总是微笑着反复示范。

我终于学会了，但没有她剪得好。此时，她还在鼓励我："老师，你第一次剪就剪得这么好，以后肯定比我剪得好。"看着她的笑脸，听着她由衷的鼓励，我觉得自己顿时渺小了许多。当学生问我"能教教我吗？"之类的话时，我的态度是怎样的呢？对于教了几次还是不懂的学生，我的态度又是怎样的呢？有张思佳同学教我时的耐心、微笑和鼓励吗？

铃声响了，开始上课。课堂上，对于学生提出的种种疑问，我都给予耐心讲解，当然学生掌握得都不错。下课后看着学生们轻松活泼的身影，我发现他们每个人都有可爱之处，只是我平时太粗心，对他们缺少应有的耐心和鼓励，甚至连微笑都很吝啬。我突然明白，要想做好一个教师，最重要的是悟性和探索，不仅要从同事、学生身上主动学习，更要留心观察他们平时在做些什么，要学会反思和总结经验。我应该感谢张思佳同学，清明节假期后上课第一天，她不但教会了我剪纸，还教育了我，让我重拾了教师对待学生应有的却被我忽略的耐心、鼓励和微笑。

27

人民币上有味道

2016年5月9日 星期一 阴

每次拿到工资，当然很高兴，还要粗略地读一读人民币上的内容，今天也不例外。也只有人民币上才有这么丰富的内容。

这一张上满是油渍，显然是从卖肉的人手里流通过，他们切完肉不擦手就摸钱，才使人民币这么黏腻腻。或者人们是在刚刚抓完油条、吃完手扒肉后就摸钱。可见人们的生活多么富足。

这一张带有鱼腥味儿，上面还沾着一片干鱼鳞，我仿佛看见无数只手，抓完各种各样的鱼鳖虾蟹，湿漉漉的就把水产品的全部味道又印到了人民币上。

这一张则皱皱巴巴从中间断开，它的某任主人从报纸上撕下一条带着铅字的纸，又把两半儿糊在一起。说它不是钱吧，银行刚才是把它当钱给了我。说它是钱吧，人民币本来的面貌被破坏了，至少中间那一条带着铅字的报纸不能算是钱。这样的钱接受容易，再把它用出去就难了。

还有一张掉了一个角儿，好像是某任主人实在不愿意撒手，恶狠狠地咬下一口留作纪念。

还有的钱币上记了一串串数字，甚至还在上面演算过加减乘除。这说明有人身上从来不带别的纸，或者带了纸也懒得拿出来，索性在人民币上演算，既方便，又是一种炫耀。

像这样，人民币被涂抹、揉搓得面目全非了。人民币在流通过程中的经历是丰富多彩的，每一张纸币似乎都有一串故事，最后失去了它自己本来的面貌，变得脏兮兮、滑腻腻、皱巴巴。

难怪人们都爱钱却又喜欢说："钱这种东西很脏！"你拿着一沓钱很容易就能闻出自由市场的味道、农贸市场的味道……再仔细闻，还会闻出生活的其他味道，如香烟的味道、酒色的味道……

今天下午，听同事说，他曾经在香港想买胶卷，见柜台上立一小牌，上面写可以付人民币，便掏出一张 50 元的人民币递给售货员。这张纸币很干净、很新，只在边上裂开一个小口，售货员就拒收。同事便问她：是只对人民币这么挑剔，还是对所有货币一视同仁？她讲不论什么钱，破损的或太脏的都不收。我还发现，同是人民币，在不同城市、不同地区，命运也不一样。在有的城市买东西找回的钱，要相对干净得多，比如深圳、大连。我想，钱不仅反映一个国家、一个地区的经济面貌和发达程度，还反映了当地的人文素养。

28

不急于下结论

2016年9月7日　星期三　晴转多云

巡视校园，看到不少教师边批改作业边处理学生之间发生的矛盾；或边玩电脑边听学生讲话；或没等学生把话说完就草率打断学生的话；或对“学困生”的话置若罔闻，对“好学生”的话句句入耳……这样做不仅会挫伤学生的自尊心、积极性，而且也会使学生感到教师对他们缺乏尊重和关心，从而关闭心灵之窗，不再愿意与教师交流。

曾经在《读者文摘》上看过这么一篇文章。有一天，美国著名主持人林克莱特访问一名小朋友，问他说：“你长大了想当什么呀？”小朋友天真地回答：“我要当飞机驾驶员！”林克莱特接着问：“如果有一天，你的飞机飞到太平洋上空，所有引擎都熄火了，你会怎么办？”小朋友想了想说：“我先让飞机上的人绑好安全带，然后我挂上我的降落伞，先跳下去。”当现场的观众笑得东倒西歪时，林克莱特继续注视着这个孩子，没想到，接着孩子的两行热泪夺眶而出。于是林克莱特问他：“为什么要这么做？”小孩子的回答透露出一个孩子的真挚想法：“我要去拿燃料，我还要回来！我还要回来！”现场的观众热烈鼓掌。主持人的与众不同之处，在于他能够让孩子把话说完，并且在现场的观众笑得东倒西歪时，仍然保持着倾听者应该具有的一分亲切，一分平和，一分耐心，所以才能听到这名小朋友最善良、最纯真、最清澈的心语。

如果为人师者也能像这位主持人一样不过早地下结论，而是亲切、平和、耐心地倾听学生的内心想法，让学生把话说完，不急于判断，那么肯定也能听到学生的心语。因为每个学生都有自己独特的思维方式和谈话方式，如果教师总是按照自己的思路去理解他人，就容易接受一些错误的信息，造成误会，给师生之间的沟通带来困难。

想到我自己初为人师时，一腔热情，干劲十足，但往往没等学生把话说完就急于发表意见或轻下判断，对学生造成了一些伤害。其中一幕我至今记忆犹新：上课铃响了，一个一向爱惹是生非的学生气喘吁吁地跑到教室门口，手上、身上沾满了沙子。我非常生气，大声训斥他："学校三令五申不准玩沙坑里的沙子，你居然明知故犯！"学生忙说："我不是玩沙子，我是……"我更加生气："人赃俱在，你还有什么好辩解的？你先回到座位上去，下课后再处理这个问题。"下课后，我才了解到真实情况，原来这位学生发现厕所的地面上有小便的污迹，有好几个学生在那里滑倒了，他是用手捧着沙子去覆盖地上的污迹的。这件事对我的触动很大，直到今天，每每想起，都后悔自己当时的浮躁和冲动，伤害了一颗善良、朴实的童心。不急于下结论，修炼一种定力，哪怕学生的话极不顺耳或毫无道理，也要耐心地听下去，让他们把话讲完。更何况，很多时候只有听完学生的话才能了解他们的真实想法。

29

从我的一本旧听课笔记说起

2016 年 10 月 6 日　星期四　晴

国庆节假期，闲来无事，断断续续将自己以前的工作资料、读书笔记做些清理。突然，一本泛黄的听课笔记带着霉味从一堆废纸中现身，一看时间：1980 年——哦，久违了！八次调动，十次搬家，多次清理，居然“劫”后犹存！这本听课笔记一下子勾起了我的回忆，思绪回到了三十六年前。

1980 年 12 月，我继承父亲的事业到曹庙乡钟洼小学任教。有好心人善意地劝我，最好别去钟洼，那地方荒凉落后，弄不出什么名堂。此话不假。钟洼小学以前是一所“帽中”，即小学只有一至五年级和初中只有一至二年级，历史上钟洼这个地方是一片草荒田。当时的钟洼小学，依然汽车不到，地处偏僻，条件落后。

然而，我还是义无反顾地去了。那是我的家乡啊！那里留下了我童年纯真而美好的回忆！

记得小时候，春天曾经跟着家人到荒田的小沟、小塘里摸鱼捉虾，枯草稀疏，新绿满眼，除了偶尔惊飞的野鸟，四周一片寂静。密密的扒网从一堆堆水草中扒过，半寸长、一寸长的鱼虾活蹦乱跳，一天下来能扒上好几斤，回家在锅里略微烘炒一下，放点盐，红红的，晒干，日后炒韭菜、炖蛋，味道好极了。这种场景至今还经常在梦中萦回，醒来依然甜蜜。20 世纪 70 年代，我正在这里读书，学校东边建立了一块“水稻试验田”，插秧、拔草、收割，学校组织我们参加，很有意思。当时的大队书记无论是在学校操场还是在广播里给社员开大会，都是风光至极。最亲是乡音，最美家乡水，我有什么理由不去呢？跳出家乡，依傍权力中心，自是荣耀；笃守家乡，反哺乡亲，对于凡夫俗子而言，未必就没有意义。大概有点像“燕雀恋巢”吧，直至现在，我调出曹庙乡钟洼小学已有三十多年了，还是常常来到这所现在已经调整为一般农村教学点（只有一至三年级）的钟洼小学，叨念着那些与我共同工作生活过的老同事。

赫舍尔说：“人是流动的存在。在遵守具体的生活模式时，他既服从又抗争，既迁就又反叛，既驯服又造反。”不过我总觉得，首先要服从、迁就、驯服，然后才谈得上抗争、反叛、造反。前者基于“安身立命”，后者属于“追求卓越”。其实，我是一个自认平庸、不善远谋、胸无大志、随遇而安的人，不懂得何为“实现自我”，叫我当教师就一门心思当教师，既没想升迁，也没想跳槽，不过是想当得好一点。

清楚地记得去报到的那一天恰逢下雨，道路满是泥泞，家乡的土地，一只脚深深地陷进去，费九牛二虎之力拔出来，另一只脚又陷了进去。没走多远，心爱的皮鞋就“一分为二”——面、底分家了，疲惫的我只好卷起裤管，艰难跋涉，到了学校。我的心情更为暗淡和忧伤，不知道将来的日子怎么熬。

一段时间下来，我发现我的失意似乎与学校的氛围有点格格不入。无论是老教师还是年轻教师都是那样敬业，他们好像生活得有滋有味，备课、批改作业、辅导学生、与学生谈心……总有做不完的事情，对恶劣的环境似乎全然不觉，让我觉得有些不可思议。记得当年期末考试，学校的成绩在全乡名列前茅，一个偏僻落后的村级小学取得如此骄人的成绩，按理应该大大庆贺一番才是，可他们并没有特别高兴，仿佛这是预料之中、理所当然的事。经过半年观察，我发现这些可能跟当时的校长有关。

当时钟洼小学的校长叫朱效怀。他态度温和，待人真切，常跟我们年轻

人聊天，所有的年轻教师对他都非常敬重。朱校长擅长书法，我到校没多久，他就写了画家徐悲鸿的“人不可有傲气，但不可无傲骨”送给我，我把它挂在宿舍里，茶余饭后，总爱在此格言前吟诵一番，时日既久，居然也就渐渐品出一些味道来。他也许是要我在人生道路上不畏困难、坚持不懈吧。这句格言，我牢记至今，时刻激励着我在教育教学和学校管理工作中既不盲目自负，也不自暴自弃。三十六年的教育岁月，一串串蹒跚的脚印，或深或浅，或直或曲，无不记录着我几分谦恭、几分执着的轨迹。

朱校长曾对我说，作为一名教师，你得夯实业务，才能站得稳脚跟，挺得直腰杆。记得刚工作的第二周，朱校长听了我一节四年级随堂课“观潮”。说实话，这节课我还是认真准备了的，自以为上得还可以，本以为能得到他的充分肯定。然而，等到他跟我交换意见时，却尽是些“建议”，弄得我脸上红一阵白一阵，恨不得有一道地缝钻进去。翻开今天清理出来的这本泛黄的带着霉味的听课笔记，就有十多条他跟我交换这节课意见时的“建议”，其中有：

(1) 观潮地点的讲解太抽象，对学生的可接受性估计不足，同时讲得有些含糊。

(2) 要区分前鼻韵母和后鼻韵母(如“风”)、鼻韵母 an 和 en (如“观”不能读成 guen)。

(3) 指名学生朗读生字词效果不太好，一要事先预习，二可先安排齐读、小组读，再过渡到指名读。

(4) 理解词义，最好不要让学生捧住词语手册照读，而应该让学生体会、理解，用自己的话表达，这样能够锻炼学生的思维能力、表达能力。词语手册本身有积极作用，但也不可忽视其消极作用(依赖、束缚)。

(5) 理解词义不一定由教师一个一个直接问，可采用质疑形式，这样让学生有疑而问，容易激起学生的学习动机。

(6) 学生的发言机会不均等，有的学生一节课有七八次的发言机会，但也有不少学生没有发言机会。

(7) 对于写作顺序的引导不够得法，可顺着时间顺序这条思路，先写什么，再写什么，然后写什么，最后写什么，这样学生有台阶可上，又可以训练语言表达能力。

(8)“天下奇观”的“奇”板书不规范。“奇”是上下结构，横画最长，不能将上面的“大”盖住下面的“可”。

(9) 要了解学生，研究四年级学生的年龄特征、知识起点、学习要领。

(10) 要提高教师课堂应变能力，整个教学过程应是教师紧张的积极思维过程。

……

请不要厌烦文字的琐碎冗长，其实这还远不是全部，另外还有四大条“正式”的“意见”。当然，现在看来也许并没有多少“新鲜”的东西，但在三十六年前，我的感觉是大吃一惊——一个偏僻村级小学的校长，居然会这么“内行”！所有的“建议”都是讨论和商量，都是启发和引导。这些文字当时我没有完全领会，但那场平等而亲切的对话和讨论却让我刻骨铭心，那种既尴尬又感激的心情至今还能深刻体会到，尤其是其中的指点和引导更是为我后来的发展指明了道路。从那以后，我细心品味那些特级教师、名教师的教学录像，不放过任何外出听课学习的机会，自觉地在我的课堂教学中追求超越、追求完美。

一年多之后，我调离了钟洼小学，到曹庙乡中心小学任教，并且改教数学。任教学科不同了，我又“反刍”起“观潮”那节课的“意见”，总结出几点：一要关注学生，从学生实际出发；二要把握学科特点，夯实基础；三要讲究科

学，提高课堂教学效率；四要自觉钻研，在细节上下功夫。如此，不禁豁然开朗，原来课堂教学的基本原则和要素是相通的。“学然后知不足，教然后知困。”

回顾我在钟洼小学工作的那一年多时间、那些同龄教友、那段痛并快乐着的生活，我深知，只有不断地学习，与书为友，充实自我，完善自我，才能实现自我超越。在每天完成教育教学和学校管理工作之后，夜深人静，我就挑灯夜读，遨游于书海之中。在书中，我认识了苏霍姆林斯基、赞可夫、皮亚杰、布鲁纳、布鲁姆等世界著名的教育家。我反复阅读他们的经典著作，做了厚厚的笔记和摘抄，从中丰富了自己的教育理论知识，也对诸多的教育现象有了自己的思考。

著名教育家陶行知先生曾大声疾呼：“要砸碎儿童的地狱，创造儿童的乐园。”他还指出：“教师的责任不在教，而在教学生学。教的法子必须根据学的法子。”在教学中，每次拿到教材，我并不先看教师用书，而是自己独立地去领悟教材，根据学生实际，设想教法、学法，然后再与教师用书对照，这样逐步夯实自己的教学业务基础。再后来，我发现自己的课堂教学表面上看是启发式的，但实质上学生还是按照我预先设定的目标思考问题，缺乏学习的自主性，于是，我又在实践中不断总结，不断反思，探索出学生自主学习数学的四个步骤，即自主感知、自主探索、自主拓展和自主评价，由此，我的数学课常教常新。

无论今后我还要走多远，我都忘不了三十六年前那个雨天的泥泞跋涉，忘不了那段在钟洼小学的温馨岁月。

后　记

写教育日记使我拥有了一个比较丰富的教育人生。我热爱教育工作，所以我无比珍惜自己的教育经历，珍惜其中的酸甜苦辣。令人遗憾的是，记忆不可避免地会随着时间的流逝而淡去或消失。通过写教育日记，我仿佛把逝去的日子放进了保险柜。打开这个保险柜，那些日子便历历在目，多年前的教育细节，清晰得仿佛发生在昨日。

写教育日记使我实现了完善内心生活的目的。人活在世上，不但要过外部生活，还要过内心生活。内心生活并不神秘，它实际上就是一个人自己与自己进行交流。当读到了一本使我感动的书，当看到了一个使我陶醉的教育场景，当遇到了一个使我高兴或伤心的教育现象，我就写日记，用笔对自己说，过自己的内心生活，倾听自己的心声，努力形成一个有深度的内心世界。

日记是我最忠实的朋友。人不能没有朋友，友谊使我在困难时得到帮助，在痛苦时得到慰藉，在失意时得到温暖和鼓舞。在所有的朋友里，我有一个特殊的朋友，就是日记。在某种意义上，它是我最忠实的朋友。朋友总有忙于自己的事情而不能关心我的时候，而日记却是我的专职朋友，随时陪伴着我，从不会拒绝倾听我的诉说。

今年是我从教的第三十六个年头，这本《教育日记辑录》，只是收集了我最近几年教育日记的一小部分。在这一小部分日记里，我略谈了自己对教

育的理解、我的教育价值观以及教师应有的教育行为。每一则日记讲述的都是一个教育故事。每当我翻看这些日记时，整个心灵都会被美好的回忆占领。

在整理这些教育日记的过程中，我广泛查阅了国内外参考文献，得到了一些专家、学者的大力支持，在此一并表示由衷感谢。

钟建春

2016 年 12 月 18 日